LA PERLE

DU

PALAIS-ROYAL

PAR

XAVIER DE MONTEPIN

1

PARIS
ALEXANDRE CADOT, ÉDITEUR
37, rue Serpente.

1855

LA PERLE DU PALAIS-ROYAL

Ouvrages de Xavier de Montépin.

Vicomte (le) Raphaël	5 vol.
Les Oiseaux de nuit.	3 vol.
Les Chevaliers du lansquenet . . .	10 vol.
Pivoine.	2 vol.
Mignonne (suite de *Pivoine*).	3 vol.
Le Loup Noir	2 vol.
Brelan de Dames.	4 vol.
Les Valets de Cœur.	3 vol.
Un Gentilhomme de grand chemin . . .	5 vol.
Perle (la) du Palais-Royal.	3 vol.
Confessions d'un Bohême (1re partie). . .	5 vol.
Le Vicomte Raphaël (2e partie).	5 vol.
Les Oiseaux de Nuit (3e partie, fin). . . .	5 vol.
Les Chevaliers du lansquenet.	10 vol.
Le Loup noir.	2 vol.
Les Amours d'un Fou.	4 vol.
Les Viveurs d'autrefois.	4 vol.
Sœur Suzanne..	4 vol.
Les Viveurs de Paris.	13 vol.
Première partie **Le Roi de la mode.**	3 vol.
Deuxième partie **Club des Hirondelles.** . . .	4 vol.
Troisième partie **Les Fils de famille.** . . .	3 vol.
Quatrième partie **Le Fil d'Ariane.**	3 vol.
Geneviève Galllot.	2 vol.

Sous presse:

Les Filles de Plâtre.

Fontainebleau, imprimerie de E. Jacquin.

LA PERLE

DU

PALAIS-ROYAL

PAR

XAVIER DE MONTÉPIN

1

PARIS
ALEXANDRE CADOT, ÉDITEUR
37, rue Serpente
—
1855

PREMIÈRE PARTIE

LE MOULIN DE JAVELLE

I

La taverne du Broc d'Argent.

Un jour — il y a de cela trois ou quatre ans — en feuilletant des Mémoires historiques, j'y trouvai une anecdote de cinquante lignes qui m'intéressa vivement.

Il s'agissait des romanesques amours du

prince de Lamballe avec une jeune et ravissante paysanne des environs du château d'Anet. — chastes tendresses, couronnées par un mariage parfaitement légitime quoique non déclaré — drame intime et charmant, dénoué par une terrible catastrophe.

Ce récit me sembla si touchant, et tout à la fois si dramatique dans sa simplicité, que j'en fis le canevas d'un livre, auquel je donnai le nom de son héroïne: *Geneviève Galliot.*

Ce livre obtint un succès qui dépassa de beaucoup mon attente et que, sans doute, il était loin de mériter.

Depuis lors, mes amis m'ont quelquefois

demandé pourquoi je ne donnais pas un pendant à ce médaillon, puisque notre très haut et très puissant seigneur, le public, avait pris le premier récit sous sa protection ?

A cela je répondais qu'un roman en deux ou trois volumes me semblait beaucoup plus difficile à faire qu'une œuvre de longue haleine — et que je n'avais pas le temps d'être court.

Quelques-uns eurent la bienveillante indiscrétion de ne point se tenir pour battus, et d'insister.

Une trop longue résistance à leurs désirs aurait été de mauvais goût.

Je cédai.

Et voilà pourquoi *la Perle du Palais-Royal* paraît aujourd'hui.

La Perle du Palais-Royal et *Geneviève Galliot* sont deux fleurs d'un même bouquet.

Je souhaite bien vivement qu'on leur trouve, à toutes deux, le même parfum.

§

Vers la fin du mois de juillet de l'an de grâce 1755, sous le règne collectif de madame la marquise de Pompadour et du roi Louis — quinzième du nom — entre neuf et dix heures du soir, un personnage assez bizarre arpentait, à grandes enjambées, une petite rue étroite et tortueuse, qui donnait dans le faubourg Saint-Antoine, non loin de la place Royale.

Ce personnage était un homme de haute taille, qu'on eût dit échappé d'une de ces planches de cuivre, où l'énergique et fantasque burin de Jacques Callot gravait ses immortelles fantaisies.

Lorsqu'il venait à passer sous un de ces rares réverbères qu'entretenait si mal la police du temps, et lorsque son ombre se projetait en avant sur les pavés, on n'aurait su dire, vraiment, lequel était le plus long, le plus maigre, le plus dégingandé du corps ou de l'ombre.

Sous les rebords à demi brisés d'un chapeau lampion, enfoncé sur l'oreille droite et penché en avant jusque sur les sourcils, on voyait étinceler deux yeux caves qui semblaient, dans les ténèbres, phosphorescents comme ceux du chat.

La tête était petite, avec de grands traits.

Le nez saillant, osseux, recourbé, — couvert d'une peau tendue et luisante — s'avançait comme un bec d'oiseau de proie.

La bouche, très large et garnie de dents blanches, pointues et très écartées, n'avait pour ainsi dire pas de lèvres.

Cette bouche, quand elle était fermée, ressemblait à la cicatrice d'un coup de couteau.

Le bas du visage était tout à la fois, pointu et carré.

Deux grandes moustaches noires —

blables à celles que portaient messieurs les gardes-françaises — soigneusement astiquées et retroussées en crocs, donnaient à cette basse et vilaine figure un aspect militaire.

L'ajustement était moitié civil et moitié soldatesque.

L'habit — dont les galons d'or ou d'argent avaient disparu — provenait évidemment de la défroque de quelqu'officier.

Quant à la culotte — d'un vieux velours miroité et usé jusqu'à la corde — il aurait été difficile de lui assigner une origine probable.

Une longue rapière, à poignée de cuivre, battait les mollets de notre personnage —

ou plutôt la place où ces mollets auraient dû se trouver.

Tout en marchant, et tout en tracassant de la main droite sa moustache gauche, l'homme que nous venons de décrire fredonnait, sur l'air d'un *Noël* alors à la mode, les couplets suivants :

Monnaie,
Monnaie,
Il n'est pas, sans toi, de bonheur !...
Tout homme
Te nomme
Un vrai brevet de grand seigneur !...

L'homme de mauvaise mine, orna de quelques fioritures les derniers vers de cette mauvaise chanson.

Puis il reprit :

Le riche
Se fiche
Des tracas et des mauvais jours !...
Sans cesse
S'empresse
Sur ses pas le Dieu des amours !...

Le chanteur, comme pour établir un contraste entre sa propre position et le bonheur qu'il célébrait, frappa légèrement sur ses gousets, d'où ne s'échappa aucun son métallique.

Ceci fait, il continua :

En course
Sa bourse
Se gonfle au lieu de s'aplatir !
Aucune
Fortune
Pour lui ne manque d'aboutir !

Bouteille
Vermeille
Dans son cellier point ne tarit !...
Et fille
Gentille
Tout à belles dents lui sourit !...

— Ah! coquin de sort!... — s'écria-t-il brusquement en s'interrompant — de bon vin à discrétion et de belles filles à volonté! en voilà, une existence-chafriolante!... — malheureusement ce n'est qu'en chansons! autant en emporte le vent!...

Il poussa un profond soupir, tourmenta de plus belle sa moustache qui n'en pouvait mais, et reprit le premier couplet, qui sans doute était aussi le refrain:

<blockquote>
Monnaie,
Monnaie,
Il n'est pas, sans toi, de bonheur!...
Tout homme
Te nomme
Un vrai brevet de grand seigneur!
</blockquote>

Au moment où notre personnage achevait le dernier vers, et, selon sa coutume, l'enjolivait de fioritures prétentieuses, il arrivait devant une maison basse et de mauvaise apparence et il s'arrêtait.

Cette maison n'avait qu'un rez-de-chaussée et un étage.

Ce rez-de-chaussée était percé d'une porte et de deux fenêtres.

La porte était close et les volets fermés.

Mais, à travers les fissures de la porte, — à travers les entre-bâillements des volets — on voyait s'échapper des traînées de lumière — on entendait s'évaporer des bruits de voix animées, criant, chantant, vociférant.

Une petite enseigne, placée au-dessus de

la porte et complétement perdue dans l'obscurité, expliquait ces rumeurs.

Lorsqu'il faisait jour, on pouvait lire sur cette enseigne les mots suivants :

Taverne du Broc d'Argent.

L'homme maigre appuya ses longs doigts sur le loquet — il ouvrit la porte et il entra.

Les plus abominables estaminets des plus boueux quartiers du Paris moderne — les bouges du quartier des Halles — les *tapis-francs* que les romanciers ont décrit — les *souricières* que connaît la police — ne sauraient donner à nos lecteurs une idée exacte de la taverne du *Broc d'Argent*, dans laquelle nous les introduisons.

Auprès de ce repaire infâme, les divers et ténébreux établissements que nous citons plus haut auraient semblé des merveilles de luxe et de bon goût — quelque chose de féérique dans le goût des salles mauresques de l'Allhambra.

Qu'on se figure une salle unique, aussi large et aussi profonde que la maison dont elle occupait en totalité le rez-de-chaussée.

Cette salle, au murailles nues, décrépites et graisseuses, tatouées de dessins obscènes tracés dans son plâtre éraillé avec la pointe des couteaux, avait un plafond noir, à solives saillantes, soutenues par des piliers de bois à peine écarris.

De longs festons de toiles d'araignées pendaient à chaque solive.

Des lampes de fer, dont les godets allongés renfermaient de longues mèches plates, repliées dans l'huile de noix comme des ténias dans des bocaux, se suspendaient à chaque pilier, éclairant la salle jusque dans ses profondeurs les plus reculées.

Un quadruple rang de tables de chêne — longues — étroites, et d'une indescriptible malpropreté — s'alignaient dans le sens de la longueur.

Les pieds massifs de ces tables étaient scellés dans le carrelage, aussi bien que les banc et les escabeaux — utile précaution, qui rendait impossible l'emploi du mobilier comme armes offensives ou défensives, dans les rixes fréquentes dont ce bouge était le théâtre.

De distance en distance des gobelets d'étain se voyaient sur les tables — retenus par de petites chaînettes de fer, afin que les habitués ne pussent point emporter les coupes, après les libations.

Une douzaine de tonneaux et de barils — de toutes les tailles, et munis de robinets — contenant du vin et de l'eau-de-vie, s'entassaient les uns sur les autres, dans l'angle de la salle le plus rapproché de la fenêtre de gauche, et à proximité d'un massif comptoir qui supportait des mesures de cinq ou six grandeurs différentes.

Le maître de la taverne du *Broc d'Argent*, petit homme à ventre de Falstaff et à trogne rouge violemment bourgeonnée, suffisait au service, avec deux garçons qu'il avait sous ses ordres.

Ces trois hommes allaient et venaient sans relâche — répondant à chacun, et se multipliant dans ce véritable pandœmonium.

Au moment où l'on mettait le pied sur le seuil, on était saisi à la gorge par les abominables parfums des lampes fumeuses — des eaux-de-vie frelatées — du vin répandu et de la fumée de tabac, car plusieurs des habitués du *Broc d'Argent* fumaient de longues pipes — chose presque complètement inusitée à cette époque.

II

A propos de tonneau.

Avez-vous vu quelquefois un chien gourmand, maigre, crotté, affamé, entrer dans une cuisine bien garnie, à l'heure où la broche tourne et où les casseroles font entendre, sur les fourneaux, leur petite chanson monotone ?

Les flancs décharnés de l'animal tressaillent de joie — sa queue pelée frétille dans les convulsions d'une voluptueuse et avide convoitise — ses yeux deviennent fixes et brillants — sa tête se relève, et ses naseaux, largement dilatés, aspirent énergiquement les fumets des rôtis et la vapeur des ragoûts.

Le bizarre personnage, dont nous venons d'esquisser dans le précédent chapitre la silhouette quasi-fantastique, offrit, en pénétrant dans la taverne du *Broc d'Argent*, une pantomime à peu près pareille à celle du chien maigre et affamé.

A peine avait-il refermé derrière lui la porte du bouge, à peine les senteurs mal odorantes et les repoussantes émanations dont nous avons parlé vinrent-elles frapper son nerf olfactif, qu'il parut éprouver une sensation délicieuse.

Les papilles nerveuses de son bec d'oiseau carnassier frissonnèrent comme celles d'un vautour chauve qui sent un cadavre.

Son visage blafard s'illumina des rayonnements d'une vive jouissance intérieure.

Sa large bouche aux dents pointues se retroussa des angles, comme en un sourire.

Il tortilla furieusement ses moustaches, et, à trois reprises, il *renifla*, sans doute afin de mieux déguster et apprécier des aromes dont rien n'égalait pour lui le charme.

Ceci fait, il détacha et mit sous son bras sa longue rapière, qui n'eût point manqué d'être un obstacle à sa circulation entre les tables et les rangs pressés des buveurs.

Ensuite, plongeant par-dessus les groupes son regard de tiercelet guetteur, jusqu'au fond de la salle, ce que sa grande taille lui rendait facile, il ouvrit le compas de ses longues jambes, et il se dirigea, aussi rapidement que l'encombrement le lui permettait, vers le gros petit homme rouge que nous avons désigné comme le propriétaire de la taverne, et qui répondait aux noms charmants de Jasmin Tonneau — vulgairement : le *père Tonneau*.

Cette double appellation était, pour les

habitués de l'endroit, un sujet de facéties et de bons mots, sans cesse répétés et toujours applaudis.

Ainsi, l'un disait à l'hôte :

— Par la mort Dieu ! j'aime mieux l'odeur du *Tonneau* que celle du *Jasmin !*

Un autre :

— Ohé ! mon compère, ne mets pas *Tonneau* dans ton vin !

Un troisième :

— Je préfère ton vin à *Tonneau !*

Et ainsi de suite, éternellement, avec les combinaisons les plus variées.

Or, hâtons-nous d'ajouter qu'à chaque redite Jasmin Tonneau daignait sourire — surtout quand il avait affaire à quelque pratique soldant régulièrement et rubis sur l'ongle sa dépense.

Quant aux autres, parfois l'hôtelier n'accueillait point, sans une moue et sans un grognement, leurs jeux de mots les mieux réussis.

L'homme maigre rejoignit Jasmin qui, les bras chargés de brocs vides — brocs de bois, et non point d'argent, comme celui de l'enseigne — s'en revenait à son comptoir.

L'ayant rejoint, il se pencha vers lui et fit mine de le serrer dans ses bras — assez longs pour se rejoindre sans peine autour de l'épaisse circonférence du petit homme.

Mais ce dernier esquiva l'accolade, en reculant de deux ou trois pas avec plus de légèreté qu'il n'aurait paru vraisemblable d'en attendre de son épaisse et lourde carrure.

Le personnage de mauvaise mine ne sembla point se formaliser de cette rebuffade.

— Eh! bonsoir, mon cher hôte!... — s'écria-t-il — bonsoir, mon digne ami!... — bonsoir, mon excellent petit père Tonneau!... — Comment se comporte, je vous prie, votre précieuse et inestimable santé?

— Merci, merci, monsieur le chevalier...

— répliqua Jasmin d'un ton bourru — je ne vais pas mal, comme vous voyez — faites-moi passage, car on m'attend...

L'homme maigre ne bougea point.

— Je crois que vous m'avez appelé : *Monsieur le chevalier ?* — fit-il d'un air blessé.

— Sans doute — n'est-ce pas là le titre qui vous appartient ?... à ce que vous dites du moins...

— Oui, par la mort Dieu !... c'est mon titre !... chevalier de La Bricole !... cadet d'une maison puissante et riche... qui traite d'égal à égal avec les têtes couronnées !

— Eh bien

— Eh bien, ce titre, en me le donnant, vous m'offensez !

— Et pourquoi ?

— Parce que je vous ai dit — non pas une fois, mais dix, mais vingt, mais cent — que je désirais me voir avec vous, ô mon inappréciable ami, sur un pied de tendre familiarité, et que vous me désobligeriez de façon mortelle, si vous m'appeliez jamais autrement que La Bricole, tout simplement.

— Alors, c'est là ce qu'il vous faut ?

— Oui, pardieu !

— Et, si, le faisant, je vous tutoyais en outre ?...

— Vous combleriez mes vœux les plus chers!... — Il me semblerait, ô mon hôte, qu'entre nous, désormais, tout doit être commun... et Dieu sait si je le désire...

— Eh bien, je vais vous satisfaire. — La Bricole, ôte-toi de là, tu me gênes!...

Le chevalier — puisque rien ne nous empêche, nous, de l'appeler ainsi — se détourna en riant aux éclats, quoique d'un rire un peu contraint.

— Ah! parfait! — s'écria-t-il, en suivant pas à pas Jasmin qui venait de passer. — parole d'honneur!... c'est impayable!... il est pétri d'esprit, ce cher hôte!.. — aussi vrai que je suis gentilhomme, oh! mon petit père

Tonneau, je ne connais que l'eau-de-vie, l'excellente eau-de-vie de ton tonneau, qui contienne plus d'esprit que toi!

Et le chevalier — ce disant — eut un nouvel accès de bruyante hilarité.

Jasmin ne sourcilla pas.

Tous deux, l'hôte et le chevalier, étaient, en ce moment, parvenus près du comptoir.

L'homme maigre allongea la main.

Il prit, sur la tablette de bois noir, tout à la fois poudreuse et visqueuse, un petit broc, cerclé en fer, qui pouvait contenir environ une demi-bouteille.

Ce broc était vide.

Le chevalier le tendit à Jasmin, avec un geste de supplication indescriptible.

— Qu'est-ce que vous voulez que je fasse de ça? — demanda l'hôte.

— Eh! quoi!... vous ne devinez pas, bon ami?

— Ma foi non!...

— Chose étonnante!... — vous, si perspicace! — Je m'explique — ce broc est vide...

— Eh! bien?

— Remplissez-le.

— De quoi?

— D'eau-de-vie... — de votre admirable

et incomparable eau-de-vie vieille, issue des côteaux du Languedoc... tout aux environs de Cognac...

— Le remplir!... et pour qui?

— Pour moi, pardieu!... — pour votre dévoué La Bricole...

Jasmin secoua la tête d'un air négatif et éminemment goguenard.

— Oh! que nenni! — murmura-t-il.

— Eh! quoi, Tonneau, vous me refusez vos bienfaits?

— Parfaitement.

— Et pourquoi donc cet outrage — être si cher à mon cœur?

— Pourquoi?

— Oui.

— Pour trente-trois raisons...

— Lesquelles?

— Parce que — et vous le savez aussi bien que moi, — vous me devez trente-trois livres tournois, environ — une livre tournois par raison...

La Bricole prit un air de grandeur offensée.

— N'est-ce que cela? — s'écria-t-il.

— Il me semble que c'est bien assez.

—Ah! fi! Tonneau!... fi! que c'est petit!...

— en bonne conscience je devrais à ma dignité de quitter sur-le-champ ces lieux où les saintes lois de l'amitié sont méconnues!... — je devrais secouer sur le seuil de votre porte la poussière de mes semelles en m'écriant : — *Tonneau ! je ne boirai plus de ton eau..... de vie !...* — oui, je le devrais... mais un reste de tendresse me retient encore!.. — je reste, et je vous dis : — Tonneau, réglons nos comptes.

Le chevalier replaça le petit broc sur la tablette du comptoir, et fit le geste de fouiller à sa poche.

— Quoi ! — s'écria Jasmin en le regardant d'un air stupéfait, et avec ses gros yeux écarquillés — quoi, chevalier, vous payez ?...

— Pardieu! — répliqua La Bricole.

— Et, intégralement?

— Un homme tel que moi dédaigne les à-comptes!...

— Voilà qui va bien, et je vais effacer votre dette... — dit l'hôtelier, en prenant dans le comptoir une petite baguette plate, toute tailladée de crans et toute zébrée de caractères hiéroglyphiques.

La Bricole fouillait à sa poche plus que jamais.

III

Deux vilaines figures.

— Il y a trente-trois livres, trois sous et quatre deniers — fit Jasmin, après avoir étudié les crans et les hiéroglyphes du morceau de bois — mais ne parlons que des trente-trois livres... le reste se retrouvera avec autre chose...

Soudain la main de La Bricole — un instant disparue dans les profondeurs de sa poche — reparut.

Elle était vide.

L'homme maigre s'en servit pour tordre sa moustache en s'écriant d'un air tragique :

— Fatalité !...

— Quoi ? — demanda vivement l'hôte — qu'y a-t-il donc ?

— Il y a que j'ai oublié ma bourse !

— Ah ! ah !...

— Décidément, le diable s'en mêle !...

— C'est ce que je commence à croire...
— répliqua Jasmin en goguenardant — il doit se mêler de vos affaires, en effet, car il loge dans votre bourse, et vous le tirez sans cesse par la queue!...

— Mon digne ami, ne raillez point! — fit La Bricole.

— Railler!... je n'ai garde!... — comment me permettrais-je, moi, pauvre hère, de railler un si parfait gentilhomme, — un cadet d'une riche et puissante famille qui traite d'égal à égal avec des têtes couronnées!... — je sais trop bien ce que je dois à monsieur le chevalier pour cela!...

— Toujours gai!... toujours plaisant!... — dit l'homme maigre d'un air aimable, en frappant du plat de sa main sur le gros ventre de son interlocuteur, — ce cher Jasmin!... il me donne des coups de boutoir sans dire gare!... eh! bien, je l'aime ainsi...

— C'est bien de l'honneur que vous me faites...

— Tenez, mon bien bon — soyez franc avec moi... — convenez que vous n'ajoutez pas foi à cette histoire de bourse oubliée...

— Heu... heu...

— Ah! ce Jasmin!... quelle perspicacité! quelle finesse!... on ne peut rien lui cacher!... — Eh! bien vous aviez raison...j'ai ma bourse...

— En vérité??

— Seulement, elle est vide...

— Voyez-vous ça!...

— Mais, cet état précaire n'est que momentané... — dès demain, je rentre dans une somme importante...

— Tant mieux pour vous.

— Je touche des fonds que m'envoie ma noble famille...

— Cela fait son éloge.

Jasmin, ne me croyez-vous point?

— Fort peu.

— Sur ma foi de gentilhomme, je vous jure que je dis la vérité...

— Tant mieux, car alors, étant en argent, vous me payerez.

— Oui, Jasmin — et avec une volupté pure — mais, en attendant...

— En attendant?...

— Montrez-vous un ami véritable — sachez reconnaître la confiance que je vous témoigne... — Ouvrez-vous pour moi, ô Tonneau!...

— Ah! que nenni!...

— Jasmin, cher Jasmin, la soif me dévore...

— Allez vous désaltérer ailleurs...

— Laissez-vous fléchir...

— Tarare !...

— Je meurs de la pépie...

— Point d'affaires !...

— Une tigresse vous a abreuvé de son lait !...

— Je ne vous abreuverai point de mon vin...

— Donnez-moi à boire..... demain je payerai.

— Payez aujourd'hui, et vous boirez...

Arrivé à ce point, La Bricole comprit qu'il était inutile de pousser plus avant un dialogue qui ne le conduirait point à son but, et que ses supplications se briseraient contre une résolution inébranlable.

Il redressa sa haute taille — il affila les crocs menaçants de ses moustaches, et, s'efforçant de donner à sa physionomie et à toute sa personne quelque chose de majestueux, il s'écria :

— Je ne m'abaisserai pas davantage devant vous, lourde panse bouffie d'orgueil et doublée de sottise ! — il est des gens, mieux avisés que vous, qui s'empresseront de me cautionner, et ces gens, peut-être, ne sont pas loin...

— Monsieur le chevalier — dit Jasmin avec ironie — je le souhaite pour vous.

L'homme maigre poursuivit :

— Avez-vous eu l'honneur de voir aujourd'hui mon noble ami, don Gusman, Perez, Alonzo, Belcolor, y Fueros, y Panamas, y Tulipano ?

— Non, de par tous les diables ! — s'écria Jasmin, — non, je ne l'ai pas vu et j'en rends grâce au ciel, — et je souhaite de tout mon cœur ne revoir jamais, ni peu ni beaucoup, ni de loin ni de près, sa vilaine figure !...

— Hôtelier ! — fit La Bricole avec un courroux plein de solennité — savez-vous bien que vous insultez un grand d'Espagne!...

— Joli, le grand d'Espagne!... et jolie la grandeur!... — Je diable m'emporte, chevalier de La Bricole, si j'avais beaucoup de pratiques comme ce Tulipano et vous, il ne me resterait qu'à fermer boutique... — Si vous tenez à rencontrer votre damné compère, allez donc le chercher hors de chez moi, car j'espère bien qu'il n'y remettra jamais les pieds...

Et, après avoir prononcé ces dernières paroles, Jasmin Tonneau tourna le dos à La Bricole et se dirigea du côté de quelques buveurs qui, depuis un instant, l'appelaient à grands cris.

Le chevalier, l'œil morne et le gosier sec, pirouetta sur ses talons et se disposa à quitter ce logis peu hospitalier, en fredonnant philosophiquement ce premier couplet de sa chanson — couplet dont il était à même, plus que jamais en ce moment, d'apprécier la parfaite justesse :

>Monnaie,
>Monnaie
>Il n'est pas sans toi de bonheur !...
>Tout homme
>Te nomme
>Un vrai brevet de grand seigneur !

Déjà il atteignait le seuil de la taverne du *Broc d'Argent*, quand la porte s'ouvrit.

Un personnage — plus bizarre encore peut-être que La Bricole — entra.

Deux cris joyeux partirent à la fois, et

l'arrivant, se jetant dans les bras du chevalier qui lui rendit avec effusion cette chaude accolade, s'écria avec un accent étranger très prononcé :

>Ah ! puisque je rencontre un ami si fidèle,
>Ma fortune va prendre une face nouvelle !...

— C'est plutôt la mienne — murmura La Bricole à part lui, — pourvu toutefois que Tulipano ait de l'argent !...

Don Gusman, Perez, Alonzo, Belcolor, y Fueros, y Panamas, y Tulipano, — car c'était bien lui qui venait d'entrer, avait, nous le répétons, une apparence plus extravagante encore que celle du chevalier.

La taille de ce prétendu grand d'Espagne,

était pour le moins aussi haute que celle de son ami, avec lequel il pouvait lutter de maigreur.

Son visage, presqu'aussi basané que celui d'un mulâtre, était taillé — comme on dit vulgairement — en lame de couteau.

Dans cette figure olivâtre, on ne distinguait que deux traits, — un nez prodigieusement long et tranchant, et un œil d'un éclat insoutenable.

Nous disons *un œil* — et nous le disons à dessein.

En effet, soit que Tulipano fut borgne naturellement — soit tout autre motif — un bandeau de taffetas noir couvrait entièrement son orbite gauche.

Un costume de velours, jadis noir, maintenant blanchi et semblable, en plus d'un endroit, à une guipure, tant d'épaisses reprises s'enchevêtraient dans son tissu déchiré — dessinait avec une déplorable exactitude les maigres formes et les membres quasi-diaphanes de l'Espagnol.

Sa tête longue et pointue disparaissait entièrement sous les larges bords du sombrero national.

Il portait sur l'épaule, avec une fierté théâtrale, le petit manteau castillan.

Mais, quel manteau!...

Celui de don César de Bazan — cette guenille de génie, dans laquelle Frédérick se drapait si bien — n'aurait pu qu'en donner une idée imparfaite.

Ici encore nous sommes forcés de renvoyer nos lecteurs aux fantaisies du grand Callot.

L'épée de Tulipano — épée à la garde d'acier terni — avait au moins trois pouces de plus que l'interminable brette du chevalier de La Bricole.

Cette épée, sur la poignée de laquelle s'appuyait sa main gauche, soulevait avec grâce le bord effrangé de son manteau.

Après cette chaude embrassade dont nous avons parlé, le chevalier dit à l'Espagnol:

— A l'instant je te demandais...

— Je pensais bien te trouver ici...

— Quel bon vent t'amène ?

— La soif.

— Ah ! tu as soif aussi, toi !... comme moi alors...

— Oh ! plus que toi !

— C'est impossible !...

— Nous verrons qui boira le plus...

— C'est ça, buvons, — mais qui paiera ?

— Toi, pardieu !

— Non pas... et pour cause... — je suis à sec...

— Et moi, je n'ai pas un sou !..,

— Tu plaisantes ?

Tulipano frappa sur son gousset — prouvant ainsi, d'une façon irrécusable, que cette prétendue plaisanterie était une triste réalité.

— Cruel destin ! — soupira le chevalier, — le sort nous accable !... — moi qui comptais si bien sur toi !...

— Et moi sur toi !...

— Comment donc faire ?

— Buvons à crédit.

— Impossible !... — Jasmin Tonneau est

intraitable... et d'ailleurs, tu m'as paru fort mal dans ses papiers tout à l'heure...

— Sans doute à cause d'une bagatelle que je dois à ce croquant...

— Peut-être bien, — c'est un homme sans délicatesse, et qui ne comprend point tout l'honneur que lui font des gentilshommes comme nous en daignant honorer son bouge de leur présence!...

— C'est un cuistre!

— C'est un faquin!...

— Et avec tout cela, nous mourons de soif.

— J'entrevois un expédient...

— Voyons un peu...

— La nuit est belle — sortons d'ici — allons nous embusquer au coin de la prochaine rue, et quand nous verrons arriver quelque bonne face de bourgeois, mettons flamberge au vent et montrons-nous... ce serait bien le diable si le croquant n'avait point dans sa poche quelques vieux écus rognés qui nous désaltéreront ce soir...

— Admirable!... — tu as toujours de bonnes idées...

Les deux compagnons allaient sortir, pour mettre leur louable projet à exécution — mais un incident imprévu les arrêta.

IV

Un nouveau venu de bonne mine.

Tandis qu'avait lieu, entre le chevalier de La Bricole et le grand d'Espage Tulipano, l'étrange colloque auquel nous venons d'initier nos lecteurs, — un troisième personnage, inaperçu de nos deux compères, venait d'entrer dans la taverne.

A coup sûr ce personnage n'était point un habitué de l'endroit.

En pénétrant dans ces vapeurs aussi infectes, aussi asphyxiantes que celles du Styx mythologique, il avait évidemment failli se trouver suffoqué, et il avait porté tout aussitôt sur ses narines un mouchoir de fine batiste, imprégné d'eau de Portugal.

Ce personnage, comparé à tous les commensaux de la taverne du *Broc d'Argent*, pouvait passer pour un homme de fort bonne mine.

Sa taille, un peu au-dessus de la moyenne, aurait été bien prise, sans un léger commencement d'embonpoint qui en alourdissait les contours.

Sa jambe, fine encore, et pourvue d'un mollet nerveux et bien détaché, se dessinait à merveille dans des bas de soie noirs, admirablement tendus.

Tout le costume du nouveau venu était simple et de couleurs peu voyantes, mais remarquable par le luxe de propreté et de soin qui avait présidé aux moindres détails, — depuis la cravate, garnie d'une assez jolie dentelle de Malines — jusqu'aux souliers, bien luisants et garnis de leurs boucles d'argent.

Le porteur de ce costume semblait être

quelque bourgeois aisé, ou quelque commerçant fort bien vu dans son quartier.

Tout ce qu'on pouvait dire de son âge, c'est qu'il n'avait pas moins de quarante-cinq ans, et pas beaucoup plus de cinquante.

Sa main, potelée et assez blanche, s'appuyait sur une haute canne — dite à *bec de corbin* — Il marchait d'un pas lent, mesuré, et qui visait évidemment à la majesté.

Au premier regard, sa figure large, presque carrée, et enluminée d'un épais vermillon, — surtout aux environs du nez et des pommettes — offrait un grand air de bonhomie et de jovialité, entre les petits boudins bien serrés de sa perruque poudrée à frimats.

Mais, au second coup d'œil, il était impossible — pour si peu que l'on fût observateur — de se laisser prendre à cette apparente bonhomie.

Le front bas et déprimé accusait des instincts pervers et des vices non réprimés.

Les yeux, très couverts, clignotants et indécis, semblaient ne pouvoir regarder personne en face, — leur regard fuyait sans cesse devant un regard franc et loyal.

La bouche, malgré ses lèvres épaisses et sensuelles, avait un mauvais sourire.

Mais, nous le répétons, tout ceci, dans le premier moment, offrait un air de jovialité qui faisait plaisir à voir.

L'inconnu s'avança jusqu'auprès du comptoir où Jasmin Tonneau se trouvait en ce moment.

L'hôte, voyant venir à lui ce personnage de grande mine, et dont le gousset devait être amplement garni, ôta son bonnet de coton bariolé de rayures blanches et rouges, et salua respectueusement.

— Monsieur — dit l'inconnu — c'est vous sans doute qui êtes le propriétaire de cet établissement...

— Oui, monsieur... Jasmin Tonneau... pour vous servir, si j'en étais capable.

L'inconnu poursuivit :

— Et c'est bien ici, j'imagine, la taverne du *Broc d'Argent ?*

Jasmin répondit affirmativement.

L'inconnu tira de sa poche un petit carré de papier, sur lequel étaient écrites quelques lignes qu'il relut avec attention.

— Vous devez connaître — reprit-il ensuite — un individu de fort mauvaise mine...

— J'en connais même plusieurs — répondit Jasmin en riant. — les mauvaises mines sont plus communes ici que les bonnes...

— Le sigalement de l'homme que je cherche est caractéristique...

— Voyons un peu.

L'inconnu lut à haute voix :

— Taille — très élevée.

» Maigreur — prodigieuse.

» Nez — fort long et en façon de bec de vautour.

» Bouche — large et sans lèvres.

» Moustaches — noires, pointues et gigantesques.

» Dents — longues et écartées.

» Costume — en mauvais état, moitié militaire et moitié bourgeois.

» Épée — à garde de cuivre — véritable brette de coupe-jarrets...

— Ah! mais! — s'écria Jasmin Tonneau,

en interrompant la lecture — je connais ça !... je connais ça !...

— Attendez — fit l'inconnu — je n'ai pas fini...

Et il reprit :

— Age — ignoré.

» Profession — multiple.

» Domicile — inconnu — cependant on le trouve, presque tous les soirs, à la taverne du *Broc d'Argent*.

» Nom — La Bricole — et prenant le titre de *chevalier*.

— La Bricole ! — répéta Jasmin — c'est précisément le nom que j'allais vous dire... — le drôle était trop ressemblant pour ne pas le reconnaître sans hésiter...

— Ainsi, vous connaissez ce La Bricole?

— Que trop!

— Est-il ici, ce soir?

— Il y était du moins tout à l'heure...

Jasmin regarda à droite et à gauche, puis il reprit :

— Et, tenez, le voilà justement là-bas, près de la porte, avec un autre digne personnage dans son genre — un grand d'Espagne — don Gusman de Tulipano...

— Auriez-vous l'obligeance de le prévenir que quelqu'un qu'il ne connaît point, mais qui lui veut du bien, désire l'entretenir pendant un instant...

— J'y vais, monsieur...

— Attendez — n'auriez-vous point quelqu'endroit isolé, où il nous serait possible de nous rafraîchir, tout en causant, sans avoir autant de monde autour de nous...

— J'ai ce qu'il vous faut — un petit cabinet à l'étage au-dessus.

— A merveille. — Allez chercher ce La Bricole, je vous prie...

L'inconnu parlait avec le ton d'autorité d'un homme habitué à être obéi sur-le-champ.

Jasmin savait que, presque toujours, les gens qui commandent ainsi paient largement.

Aussi s'empressa-t-il de se diriger du côté de La Bricole et de Tulipano.

Les deux honnêtes gens — après être convenus de leurs faits — s'apprêtaient à aller tenter la fortune en un guet-à-pens.

Jasmin mit sa main sur l'épaule du chevalier.

Ce dernier tressaillit, et se retourna vivement.

— Hôte de malheur! — dit-il — qu'est-ce que vous me voulez? — Sentiriez-vous donc quels torts vous avez eu ce soir avec moi, et viendriez-vous les réparer?...

— Je ne viens rien réparer du tout, monsieur le chevalier de La Bricole — je viens vous dire qu'il y a là quelqu'un qui désire vous parler...

— Quelqu'un?

— Oui.

— A moi?

— Oui.

La Bricole pâlit sous sa pâleur.

— Un exempt...— peut-être — murmura-t-il.

— Je ne crois pas — répondit Jasmin.

— Mais qui donc, alors ?

— Un particulier de bonne mine — que je ne connais pas plus que vous... — il compte d'ailleurs arroser la conversation car il a parlé du cabinet de là-haut, et de nombreux rafraîchissements...

— Mille diables ! — s'écria La Bricole — c'est bien différent!... — j'y cours!...

— Et moi? — demanda piteusement Tulipano — pendant que tu vas te désaltérer, que ferai-je ?

— Tu m'attendras là, sans bouger.

— Comme c'est gai !

— Écoute — Il s'agit sans doute de quelque bonne affaire qu'on vient me proposer — tu sais... tu comprends... — je ferai en sorte qu'on ait besoin de toi, et je te viendrai chercher incontinent...

— J'y compte... — dit Tulipano, un peu rassuré par cette promesse.

— Me voici à vous, petit Tonneau — s'écria alors La Bricole — présentez-moi au noble étranger qui désire causer avec moi...

Et il suivit l'hôte, tout en fredonnant :

Le riche
Se fiche,
Des ennuis et des mauvais jours !...
Sans cesse
S'empresse
Sur ses pas le Dieu des amours !...

— Monsieur — dit l'hôte à l'inconnu — tandis que l'homme maigre portait militairement la main à son chapeau lampion — voici monsieur le chevalier de La Bricole...

— Fort enchanté de faire votre connaissance, monsieur... — ajouta l'ami de Tulipano.

L'inconnu s'inclina d'une façon assez dégagée, et, se tournant vers Jasmin, il dit :

— Conduisez-nous, je vous prie, à ce cabinet dont vous m'avez parlé, et montez-nous du vin ou de l'eau-de-vie, enfin de ce qui plaira davantage à M. de La Bricole.

— Monte de l'un et de l'autre, Tonneau ! — dit vivement le chevalier — avec un saladier bien solide et beaucoup de sucre — nous ferons brûler de l'eau-de-vie... c'est très salutaire pour l'estomac... et je crois que le mien est un peu délâbré — je suis d'une nature si délicate !...

Jasmin prit une petite lampe de fer, et, faisant signe à l'inconnu et au chevalier de le suivre, il traversa avec eux la salle dans toute sa longueur — il gagna un escalier, ou plutôt une échelle de meunier qui conduisait à l'étage supérieur.

Là, il ouvrit une porte et il introduisit ses compagnons dans une pièce de moyenne dimension, dont les murailles étaient absolument nues, et qui n'avait d'autres meubles qu'une table carrée, placée au milieu, et quelques chaises de bois.

Il plaça la lampe sur la table.

Puis il sortit, en annonçant qu'avant deux minutes il reviendrait apporter les rafraîchissements demandés.

La Bricole posa sur deux chaises son chapeau lampion et son immense brette.

V

Trio de coquins.

Tant que dura l'absence de Jasmin Tonneau, il n'y eut pas une seule parole échangée entre l'inconnu et le chevalier de la Bricole.

Les deux hommes se regardaient du coin

de l'œil, et semblaient s'étudier réciproquement.

Enfin l'hôtelier reparut.

Il déposa sur la table trois grandes mesures d'étain, dont l'une était pleine d'eau-de-vie, et les deux autres de vin.

Il y joignit un immense saladier en faïence bleuâtre, à fleurs rouges — curieux échantillon de poterie, qu'un amateur paierait aujourd'hui au poids de l'or — une assiette remplie de morceaux de sucre — une grande cuiller de fer — des gobelets de ferblanc, et un paquet d'allumettes, faites de petits tuyaux de chanvre trempés dans le soufre par les deux bouts.

Ceci fait, il se retira, après avoir dit :

— Vous êtes servis, mes gentilshommes...

La Bricole et l'inconnu s'assirent en face l'un de l'autre.

La Bricole commença par verser dans le saladier tout le contenu de la mesure d'eau-de-vie.

Puis, au moment d'y joindre le sucre, il s'interrompit, et il demanda à l'inconnu, qui le regardait faire sans rien dire :

— L'aimez-vous bien sucrée, monsieur ?

Celui auquel il s'adressait, répondit :

— Ne vous occupez pas de moi, chevalier, et faites comme pour vous...

— Je tiens cependant, monsieur, à ce que

ce breuvage vous plaise... et j'ajouterai que je ne voudrais point rester au-dessous de la petite réputation que je me suis acquise en le préparant...

— Réputation dont je vous crois digne...

— Vous en serez juge.

— Non, car je ne boirai pas.

La Bricole regarda son interlocuteur pour s'assurer s'il parlait sérieusement.

Ne pouvant conserver aucun doute à cet égard, il s'écria :

— Ah! bah! — voici qui va mal... j'aime à trinquer...

— Vous vous en passerez pour ce soir.

— Il le faudra bien... — soupira La Bricole, en mettant le feu à l'eau-de-vie, qui répandit aussitôt une flamme vive et joyeuse, — tantôt pourpre et tantôt bleuâtre.

— Nous avons à causer — reprit l'inconnu.

— Je m'en doutais.

— Êtes-vous en mesure de m'écouter avec attention?

La Bricole appuya ses deux coudes sur la table, et fit des paumes de ses deux mains un point d'appui pour son menton anguleux.

— Je suis tout oreilles... — dit-il.

— Dans ce cas, j'entre en matière sans périphrases — c'est ma manière...

— Et c'est la bonne !

— J'ai besoin d'un hardi coquin...

La Bricole salua.

— Et vous avez pensé à votre serviteur... fit-il — c'est beaucoup d'honneur que vous me faites.

Sans se préoccuper de cette interruption, l'inconnu continua :

— On vous a indiqué à moi, comme un homme de sac et de cordes — un bandit sans foi ni loi — un mécréant — un sacripant, digne de la potence et de la roue...

A chacun des mots de cette énumération, le chevalier tordait sa moustache et ébauchait un petit salut.

— Allons — s'écria-t-il — je vois qu'on n'a point flatté mon portrait... — mais il est ressemblant... — je l'achèverai en quelques mots qui en diront plus que bien des grandes phrases...

— Et, ces quelques mots ?

— Les voici : — *Pourvu que l'on me paie, je suis capable de tout...*

— A merveille ! — je vois qu'on ne m'avait pas trompé.

— Jurez-en hardiment ! — laissez-moi goûter cette eau-de-vie brûlante, et dites-moi de quoi il s'agit.

— Oh ! mon Dieu, d'une chose fort simple...

— Tant pis !

— Pourquoi ?

— Parce que, plus ce qu'on demande est difficile et plus cher on paye — c'est logique...

— Parfaitement raisonné — mais, quoique la chose soit un jeu d'enfant, on payera royalement.

— A la bonne heure ! — ceci étant posé, *Chatouilleuse* et moi, nous sommes à votre disposition...

— *Chatouilleuse ?.* — répéta l'inconnu avec un accent d'interrogation.

— C'est ma rapière — répondit La Bricole en souriant — je lui ai donné ce petit nom d'amitié, parce qu'elle est, comme son maître, fort chatouilleuse sur le point d'honneur...

— J'espère — dit l'inconnu — que vous n'aurez pas besoin de la dégaîner.

— Vraiment ? — il ne s'agit donc point de quelqu'un de qui vous voulez vous débarrasser ?...

— En aucune façon.

— Expliquez-vous alors, car je ne vous comprends pas.

— Il est question d'un enlèvement — dit l'inconnu.

La Bricole appuya l'un de ses doigts sur son œil gauche, et il eut un accès de rire silencieux.

— L'enlèvement rentre aussi dans ma

spécialité — dit-il ensuite — et je le pratique avec quelque succès... — mais je dois vous prévenir d'avance qu'un enlèvement, c'est assez cher,..

— Soyez tranquille — vous ferez votre prix, et on ne marchandera pas avec vous.

— Allons, vous entendez les affaires?... — Qui faut-il enlever? — Est-ce une fille? — une femme? — une veuve?

— C'est une jeune fille.

— De quelle classe?

— Oh! mon Dieu, tout simplement du petit peuple.

— L'affaire ira de soi! — Le nom et l'adresse, s'il vous plaît?

— Vous les aurez demain.

— Pourquoi pas aujourd'hui?

— Parce que celui pour le compte duquel vous agirez, se réserve de vous les donner lui-même.

— *Celui pour le compte duquel j'agirai!...* — répéta La Bricole — ah! ça, ce n'est donc pas vous qui me faites travailler?

— Non, en vérité.

— Et, qui donc?

— Mon maître.

— Un grand seigneur, alors?

— Vous pouvez en jurer — un très grand seigneur...

— Dont vous êtes?...

— L'intendant — le factotum et le Mercure galant...

— Je comprends — et, ce grand seigneur comment s'appelle-t-il?

— Peu vous importe de savoir son nom, pourvu que vous connaissiez son or.

— Cependant, pour lui rendre compte de mes démarches... pour lui conduire la tourterelle après l'enlèvement...

— Tout cela sera prévu — ne vous inquiétez donc de rien.

— Aussi fais-je — et je bois à la santé du grand seigneur qui veut garder l'incognito.

— Je pense — reprit l'inconnu — que vous aurez besoin de vous adjoindre un compagnon...

— Cela n'est pas douteux.

— Connaissez-vous quelqu'un ?

— Oui, oui, j'ai mon affaire.

— Un homme sûr ?

— J'en réponds comme de moi-même — nous travaillons toujours ensemble... — mais tenez, il est là, sous ma main... je vais vous le montrer...

Et sans attendre la réponse de son interlocuteur, La Bricole ouvrit la porte du cabinet, se pencha vers la salle basse, et cria d'une voix tonnante :

— Eh ! Tulipano... ici...

Le grand d'Espagne obéit à cet appel, comme un chien docile.

Une minute et demie ne s'était point écoulée, que ce personnage grotesquement sinistre apparaissait dans le cadre de la porte, avec son bandeau sur l'œil — son large sombrero — son manteau castillan et sa Durandal interminable.

Tulipano salua gravement et cérémonieusement l'inconnu, puis, sans attendre qu'on l'y invitât, il s'assit et se versa coup sur coup deux larges rasades d'eau-de-vie brulante, qu'il avala, comme si son gosier eût été doublé de ferblanc.

En quelques mots La Bricole le mit au courant des ouvertures qui venaient de lui être faites.

Tulipano agita la tête, en signe d'acquiescement silencieux.

— Ainsi — demanda le chevalier à l'inconnu — vous dites que votre maître se réserve de nous mettre au courant des détails que nous devons connaître avant d'agir ?...

— Oui.

— Nous le verrons donc ?

— Sans doute.

— Quand ?

— Demain.

— A quelle heure ?

— Entre neuf et dix heures du soir.

— Où ?

— Je ne sais encore.

— Et, comment le saurons-nous, nous ?

— Vous m'attendrez dans cette taverne où je viendrai vous prendre.

— A merveille — et, quant au prix?...

— Je vous répète que vous le fixerez vous-même — si mon maître est content de vous, sa libéralité n'aura pas de bornes.....

— Content! il le sera, mordieu!...

— Alors vous le serez aussi.

— J'aurais une demande à vous faire... — reprit La Bricole, après un silence, avec quelqu'hésitation.

— Faites.

—Mais je crains qu'elle ne vous paraisse indiscrète...

— Dites toujours.

— Eh bien, vous conviendrait-il de nous octroyer un léger à-compte !... — je tiendrais infiniment à désintéresser dès ce soir ce brigand de Jasmin Tonneau...

— Combien vous faudrait-il?

— Oh ! une bagatelle...

— Dix louis vous sembleraient-ils suffisants?

La Bricole n'en croyait pas ses oreilles et Tulipano fit un bond, malgré la gravité toute espagnole qu'il affectait.

— Vous dites ? — s'écria le chevalier.

L'inconnu répéta.

La Bricole tendit la main en disant:

— Je pense en effet que cela pourra nous suffire.

— Alors voici la somme.

Dix pièces d'or tombèrent dans la main ouverte du chevalier qui referma tout aussitôt et avidement ses doigts crochus.

L'inconnu reprit son chapeau et sa canne à bec de corbin.

— A demain soir — dit-il en se dirigeant vers l'escalier — je compte sur vous..,

— A la vie, à la mort!... — mon noble ami!... — cria La Bricole en proie au délire de l'enthousiasme.

VI

Monseigneur.

Les deux honnêtes gens, restés vis-à-vis l'un de l'autre se regardèrent en riant — comme les augures de l'ancienne Rome. Puis La Bricole remplit d'eau-de-vie brûlée les deux gobelets, vida le sien d'un trait, et, frappant du poing sur la table, il s'écria :

— Qu'en dis-tu?

— Bonne affaire !... — répondit le grand d'Espagne.

— La poule aux œufs d'or, mon digne ami !... — Il s'agira de la plumer sans la faire crier !...

— Nous sommes de force.

— Je m'en pique ; — à propos te faut-il de l'argent ?

— Pardieu !

— Combien veux-tu?

— La question me paraît plaisante !...

— Pourquoi donc ça!

— Mais, tu as reçu dix louis — il m'en revient cinq.

— Non pas.

— Comment !

— C'est moi qui suis la cheville ouvrière de l'affaire, — c'est moi qu'on cherchait — c'est moi qui t'ai raccolé, — en bonne justice je ne te devrais que le quart des bénéfices... — mais je tiens à me montrer grand et à ce que tu sois content de moi, — voici trois louis.

Tulipano — tout en grommelant sur l'irrégularité de ce partage — empocha la somme.

Les deux buveurs — après avoir achevé

l'eau-de-vie — vidèrent la double mesure de vin.

Ensuite ils regagnèrent la salle basse.

La Bricole marchait fièrement — la tête haute — le jarret tendu — la moustache plus en crocs que jamais, — bref il affichait cet aplomb de l'homme qui a de l'or dans sa poche, et, du bout des dents, il fredon- -nait ces couplets de sa chanson favorite, tout en y introduisant une légère variante, que la situation présente justifiait:

En course;
Ma bourse
Se gonfle au lieu de s'aplatir !...
Aucune
Fortune
Pour *moi* ne manque d'aboutir.

Bouteille
Vermeille
En *mon* cellier point ne tarit !...

Et fille
Gentille
Tout à belles dents *me* sourit !...

Comme il achevait de perler la cadence de ce dernier vers, il se trouva face à face avec l'hôte de la taverne.

— Eh! bien, mon petit père Tonneau — lui dit-il en lui frappant familièrement sur le ventre, — vous voyez bien qu'il était écrit là-haut que je boirais chez vous ce soir...

— Mais il était écrit également, monsieur le chevalier — que ce ne serait pas vous qui payeriez...

— Ah! vous croyez ça ?...

— Dam! ça m'en a l'air — le particulier de tout à l'heure a soldé la dépense...

— C'était son droit et son devoir...— mais notre ancien compte... ce compte qui vous tenait tant à cœur, vous n'en parlez plus ?....

— A quoi bon en parler, puisque ce seraient des paroles perdues...

— Peut-être.

— Parlons-en donc, mais pas longtemps car je suis pressé...

— Et moi !..... croyez-vous que je ne le sois pas... — j'ai rendez-vous pour ce soir avec deux comtesses et trois marquises...
— passons au comptoir, père Tonneau...

— Pour quoi faire ?

— Pour que je solde cette misère... cette bagatelle... trente-trois livres...

— Me jouez-vous encore, chevalier... allez-vous de nouveau avoir oublié votre bourse ?.,.

— Je l'ai retrouvée, mon bon...

Jasmin Tonneau hocha la tête d'un air d'incrédulité.

Cependant il se dirigea vers le comptoir et reprit en main la baguette hiéroglyphique dont nous avons déjà parlé.

La Bricole tira de sa poche deux louis, et, les jetant à l'hôtelier d'un air de grand seigneur, il lui dit majestueusement :

— Bonhomme, payez-vous !...

— Ah ! fichtre !... — s'écria Jasmin.

— Ma monnaie, s'il vous plaît, Tonneau?

— Voilà, chevalier, voilà. — Ah! ça, mais le particulier de tout à l'heure vous apportait donc le Pérou dans sa poche?...

— A peu près.

— Il arrivait, ma foi, fort à propos pour vous!... Qui diable ça pouvait-il être?...

— Quoi, vous n'avez pas deviné ?

— Ma foi, non.

La Bricole se gonfla comme la grenouille de la fable de La Fontaine, et il répondit, en se carrant :

— C'est l'intendant de ma noble famille — celui dont je vous parlais il y a une heure. — Il m'apportait ce soir quelques fonds — demain il doit me compléter cent mille livres, et, la semaine prochaine, je compte acheter une compagnie dans Royal-Champagne, — père Tonneau, pourriez-vous vous charger du dîner de bien-venue qu'il sera de bon goût d'offrir à mes camarades les officiers?...

Jasmin eut l'air de prendre fort au sérieux cette gasconnade, et répondit affirmativement.

— Et votre ami, don Gusman de Tulipano — reprit-il ensuite — a-t-il aussi reçu des subsides ?

L'Espagnol s'approcha gravement.

— Payez-vous — dit-il à son tour, en jetant une pièce d'or à Jasmin.

— Allons — murmura ce dernier en

rendant trois livres au grand d'Espagne qui lui en devait vingt et une — c'est aujourd'hui la soirée aux miracles!...

— J'espère, mes gentilshommes — ajouta-t-il ensuite — que vous me conserverez votre honorable pratique...

— Ah! nous ne le devrions peut-être point — dit La Bricole — car vos procédés envers nous ont été mesquins... mais nous sommes bons, jusqu'à la faiblesse... nous reviendrons.

— Tous les tonneaux qui se trouvent ici — moi compris — sont à votre disposition... — dit Jasmin en jouant agréablement sur les mots.

— Pardieu! j'y compte — répliqua le

chevalier — je retiens le cabinet pour demain soir, — vous aurez soin d'y mettre quantité d'eau-de-vie, et de votre plus vieille — car c'est là que l'intendant de ma noble famille viendra me demander.

— C'est convenu.

La Bricole et Tulipano quittèrent la taverne et s'acheminèrent vers un tripot fangeux, situé dans la rue Saint-Antoine, et où quelques individus dans leur genre exploitaient de malheureux *pigeons* fourvoyés, avec des cartes préparées et des dés pipés.

Ils y passèrent fort agréablement le reste de la nuit.

§

Le lendemain soir, dès huit heures, nos

personnages s'attablaient dans le cabinet que nous connaissons.

Une demi-heure environ après leur arrivée, la porte s'ouvrit pour laisser pénétrer auprès d'eux le mystérieux intendant du grand seigneur inconnu.

La Bricole et Tulipano le saluèrent jusqu'à terre.

— Êtes-vous prêts? — demanda-t-il.

— Toujours! — répliqua le chevalier.

— Alors, venez. — Mon maître attend!

— Où?

— Vous verrez.

— C'est juste.

Les trois hommes quittèrent ensemble la taverne.

L'intendant leur fit monter la rue Saint-Antoine, dans la direction de la place de la Bastille.

La prison d'État dessinait à peine, sur le ciel sombre, les profils imposants de ses donjons et de ses tours — les ténèbres étaient profondes et l asolitude absolue.

— Nous approchons — dit l'intendant.

— Quel titre devrai-je donner à votre maître ? — demanda La Bricole.

— Appelez-le : *Monseigneur*.

— Suffit !

Derrière la forteresse se trouvait un

terre-plein — désert le jour, à plus forte raison la nuit.

Sur ce terre-plein stationnait un carrosse attelé de deux chevaux noirs.

Ce carrosse ne portait pas d'armoiries et ses lanternes étaient éteintes.

L'intendant s'avança jusqu'auprès de l'une des portières.

— Monseigneur, — dit-il — voilà l'homme.

— Bien — répondit une voix, depuis l'intérieur du carrosse — qu'il vienne me parler...

L'intendant poussa La Bricole qui s'approcha de la portière, son chapeau lampion à la main, et en courbant sa longue échine, comme s'il avait été possible de voir ses saluts.

— Me voici aux ordres de monseigneur... — dit-il d'un ton qui n'avait plus rien de son arrogance accoutumée.

— Vous savez déjà de quoi il s'agit? — demanda la voix.

— Oui, monseigneur — je sais qu'il s'agit d'un enlèvement — et je mettrai tous mes soins à justifier la confiance...

La voix interrompit le chevalier.

— Écoutez — dit cette voix. — La personne qu'il s'agit d'enlever se nomme Nanette Lollier... — Vous souviendrez-vous de ce nom ?

— Parfaitement, monseigneur.

— La jeune fille a quinze ans — elle habite avec sa famille dans la rue Aubry-le-Boucher...

— A merveille, monseigneur.

— Sa famille est tout ce qu'il y a au monde de plus petit peuple... mais ses parents sont des gens honnêtes et considérés dans leur quartier... le père est employé à la Halle — la mère est marchande de marée... — il y a huit enfants — le fils aîné est sergent aux gardes-françaises — Nanette est la plus jeune de la famille... — vous retiendrez tous ces détails?...

— Je n'en oublierai pas un mot, monseigneur.

— La petite est très entourée — très surveillée — très connue — très aimée de tous ses voisins... — il faut éviter avec soin tout éclat — tout scandale — l'enlèvement sera difficile...

— Un zèle comme le mien, monseigneur, redouble avec les obstacles.

— Je tiens à ce que ce soit une affaire faite dans huit jours...

— Avant, monseigneur — avant!

— Examinez dès demain la position, et prenez rendez-vous avec mon intendant pour lui rendre compte de vos démarches...

— Oui, monseigneur.

— Vous vous entendrez avec lui, relativement aux moyens que vous jugerez convenables d'employer... — Seulement, il ne doit paraître en quoi que ce soit dans tout ceci.

— Soyez tranquille, monseigneur.

— L'argent dont vous aurez besoin ne vous manquera pas... et, quand vous aurez réussi, je saurai récompenser dignement votre activité...

— Que de bontés, monseigneur!

— Le jour où vous remettrez la jeune fille entre les mains de qui de droit, vous toucherez trois cents louis.

— Plutôt que de ne pas réussir, je me ferais tuer trois cents fois.

— C'est bien.

La Bricole, à l'accent avec lequel furent prononcées ces paroles, comprit que l'entretien était fini.

Il salua de plus belle.

La voix appela :

— Grain-d'Orge...

— Me voici, monseigneur — répondit l'intendant.

— Donne de l'argent à cet homme, et prends rendez-vous avec lui.

— Oui, monseigneur.

Le carrosse partit au grand trot de ses chevaux, et disparut dans l'obscurité.

— Voici quinze louis — dit au chevalier l'intendant que nous venons d'entendre appeler *Grain-d'Orge* — un nom de guerre sans doute. — Demain soir j'irai vous rejoindre à la taverne du *Broc d'Argent*. — D'ici-là, bonne besogne, et n'oubliez rien...

— *Rue Aubry-le-Boucher* — *Nanette Lollier* — vous voyez que je me souviens. — Soyez tranquille, et comptez sur moi.

— A demain, donc.

— A demain.

L'intendant se perdit dans les ténèbres, comme avait disparu le carrosse.

La Bricole se rapprocha de Tulipano, qui s'était tenu un peu à l'écart, sur la recommandation de Grain-d'Orge.

— Combien t'a-t-on donné ce soir? — demanda le grand d'Espagne.

— Combien ? — répéta le chevalier qui songeait à nier qu'il eût rien reçu.

— Oui. — J'ai entendu le bruit de l'or.

— Eh! bien, on m'a donné dix louis — comme hier. — En voici trois — je pense que ta promenade est bien payée !

Tulipano empocha.

— Et combien t'a-t-on promis? — demanda-t-il ensuite.

— Cent louis.

— Que ça ?

— Tiens !... c'est assez joli, je crois !... — Si je suis content de toi, je t'en donnerai quarante.

Le grand d'Espagne — selon sa coutume — grommela, mais ne répondit rien.

Puis tous deux, comme la veille, regagnèrent le tripôt, dans l'honnête intention d'y tenter quelque friponnerie.

VII

La famille Lollier. — Le rosier de Nanette.

Nous croyons — sans cependant prendre sur nous de l'affirmer d'une façon absolument positive — que la rue Aubry-le-Boucher vient de disparaître dans les récentes démolitions d'où Paris va sortir tout neuf et vêtu de blanc, comme une fiancée le jour de ses noces.

Dans tous les cas, en aucun temps, la rue en question n'a rien offert qui soit digne de fixer l'attention, par conséquent nous n'avons quoi que ce soit à en dire, si ce n'est qu'elle était étroite, tortueuse, obscure et sale — surtout à l'époque où se passent les faits dont nous sommes le très fidèle historien.

La famille Lollier occupait le rez-de-chaussée de l'une des maisons les plus rapprochées de la rue Saint-Martin.

Cette famille — nous avons entendu le grand seigneur inconnu le dire à La Bricole — était nombreuse.

Elle se composait de dix personnes — le père, la mère et huit enfants.

André-Thomas Lollier était *employé à la propreté* du Carreau de la Halle.

Nous supposons que cette expression — que nous reproduisons servilement d'après les Mémoires historiques qui nous guident — équivalait à celle de *balayeur*.

Marie-Jeanne Ladure, femme Lollier, avait à la Halle un étal de marchande de marée.

Nulle part on ne trouvait des raies, des turbots, des soles et des homards plus frais que chez elle.

Ajoutons à cela que, contre la coutume de ses collègues en poissonnerie, elle se montrait accorte avec la pratique.

Aussi son commerce prospérait, que c'était merveille.

Les époux Lollier se seraient trouvés, grâce à leur industrie et à leur courage, dans une fort honnête aisance, si le nombre toujours croissant de leurs enfants ne les avait souvent mis dans l'embarras.

Mais ils avaient pris gaîment leur parti de toutes les difficultés, et ils les avaient surmontées, comme il arrive presque toujours aux honnêtes gens qui ne prennent pas le chagrin à cœur et ne se laissent pas décourager.

Tous ces enfants, du reste, tournaient admirablement, et les garçons se faisaient un point d'honneur de ne rester que le moins longtemps possible à la charge de leur famille.

C'est ainsi que le fils aîné, Eustache Lollier, superbe garçon de vingt-huit ans, était déjà parvenu au grade éminent de sergent aux gardes-françaises — ce qui n'était point un médiocre honneur pour de petites gens, et suscitait aux Lollier bien des jalousies dans leur quartier.

Nanette Lollier — l'héroïne de ce récit, et la cadette des huit enfants — était venue au monde le 29 décembre de l'année 1740.

Quoiqu'on trouvât généralement qu'elle arrivait mal à propos, et que Marie-Jeanne, sa mère, eût mieux fait de se reposer sur ses lauriers, sa jolie mine, ses gentillesses, son *caquet* fin et spirituel, la rendirent chère à ses parents — plus chère peut-être que ses autres sœurs.

Voici en quels termes s'expriment à son sujet les Mémoires dont nous parlions il n'y a qu'un instant :

« Une dame Grimaud, veuve d'un huissier, femme honnête et dans l'aisance habite la même maison que la famille Lollier, devint la marraine de la petite fille, à laquelle elle donna son nom de *Nanette*.

» A mesure que la filleule grandit, la marraine la prit en affection et se fit son institurice.

» Elle lui enseigna tout ce qu'elle savait, c'est-à-dire à lire, à écrire, et à compter. —

Nanette devint ainsi — (pour son époque et pour la classe à laquelle elle appartenait) — un véritable phenomène d'érudition — un puits de science — un oiseau rare — *rara avis.*

» La veuve Grimaud lui forma aussi le cœur et s'occupa tout à fait spécialement de sa voix, que la petite Nanette avait fort belle, pleine, mélodieuse, et admirablement juste.

» Cette éducation musicale fut si bien conduite que Nanette n'avait que douze ans lorsque M. le curé de la paroisse — lequel considérait fort la famille Lollier et la favorisait — fit chanter à l'enfant un *Noel* qui enleva tous les suffrages.

» Les paroissiens et surtout les paroissiennes du quartier, se pâmèrent d'admiration et ne jurèrent plus que par Nanette et par sa belle voix.

» Peu s'en fallut que Marie-Jeanne n'en perdit la tête de contentement.

» L'année suivante, la supérieure du couvent des Filles-Dieu, qui avait beaucoup entendu parler de Nanette, demanda l'enfant pour chanter aux offices de la semaine sainte.

» Nanette chanta en effet un *Stabat* et un *O filii et filiæ*, et le tout si agréablement, qu'à partir de ce moment elle cessa d'être confondue avec les autres petites filles de son âge.

» Ces distinctions, ces louanges, ces éloges tournèrent la tête de la mère — et un peu aussi celle de la fille.

» Marie-Jeanne — qui ne voyait pas d'état plus beau que celui de marchande de marée — aurait bien voulu que Nanette s'associât à son commerce, afin de se mettre à même de pouvoir lui succéder à son étal — mais voyant sa fille si jolie, si délicate et si distinguée, une sorte de crainte instinctive l'empêchait de lui dévoiler ses désirs secrets.

» Nanette, de son côté, avancée comme elle était, et *fine comme l'ambre,* comprenait à merveille ce que sa mère ne lui disait pas — mais elle éprouvait une insurmontable répugnance en présence de tous les détails peu attrayants du commerce de poissonnerie — la seule idée d'enfoncer ses doigts blancs et délicats dans les ouïes sanglantes d'une barbue, lui donnait un petit frisson.

Cependant le temps passait, et Nanette, ne quittant guère le logis maternel, avait pour toute attribution de tenir en bon ordre et en bon état le linge un peu usé du ménage. »

§

Les pages qui précèdent, et dont nous n'avons qu'à peine rajeûni le style ingénu, expliquent à merveille, ce nous semble, les premières années de la jeune fille.

A l'époque où commencent les événements de ce récit, Nanette — nous le savons — avait quinze ans.

Pénétrons maintenant — si vous le voulez bien — dans la pièce principale du très humble logis des Lollier.

Cette pièce, prenant jour sur la rue par une porte et par une fenêtre, servait tout à la fois de cuisine — de magasin — de salle à manger — et de salle commune.

Son ameublement était plus que simple et consistait en une grande table carrée — deux bahuts — une armoire écornée — et une douzaine de chaises de bois — le tout propre, net et brillant, comme dans un ménage hollandais.

Une grande cheminée, sous le manteau de laquelle il était facile de se tenir debout — occupait le centre de l'une des parois latérales.

Dans cette cheminée, trois ou quatre crémaillères soutenaient autant de chaudrons—

dont l'un — gigantesque — destiné à cuire les homards, les langoustes et les crabes, que Marie-Jeanne portait ensuite à la halle, fermes et savoureux, sous leur cuirasse écarlate.

Malgré l'exquise propreté dont nous parlions tout à l'heure, une odeur de marée, bien prononcée, régnait dans cette pièce.

Un gros bouquet de fleurs des champs — placé sur un bahut, dans un vase de faïence blanche à enluminures bizarres — avait mission de combattre par ses parfums la senteur du poisson de mer.

A coup sûr, c'était Nanette qui, de ses blanches mains, avait composé ce bouquet, dont les couleurs éclatantes se nuançaient avec une harmonie peu commune.

A coup sûr, encore, c'était elle qui le rendait aussi vivace, en l'arrosant d'eau fraîche deux ou trois fois par jour.

Nanette avait la passion des fleurs.

Peut-être ne se serait-elle pas dérangée pour ramasser des bracelets d'or — cependant nous ne l'affirmerions pas sous la foi du serment — mais nous pouvons hardiment répondre qu'elle eût fait de grand cœur trois ou quatre lieues, pour aller cueillir un bouquet de roses, ou quelques-unes de ces grappes parfumées qui sont les odorants panaches du lilas.

La jeune fille regardait presque les fleurs comme des créatures animées.

Elle leur parlait — elle en écoutait les mystérieuses réponses — elle s'enivrait de leurs pénétrantes émanations.

Un jour, une de ses voisines — marchande de fleurs sur le quai qui touche au Palais-de-Justice — lui avait fait présent d'un petit rosier. — Triste cadeau, car l'arbuste était rachitique et d'une pitoyable venue.

Nanette — folle de joie — avait eu pour lui de tels soins qu'il s'était peu à peu ranimé.

Ses feuilles — jaunes et décolorées —

avaient repris leur belle couleur verte — la tige ployante s'était relevée.

L'arbuste vivait !

Au printemps suivant un bouton parut — puis deux — puis dix.

Aux boutons succédèrent les roses.

Ce fut pour Nanette une ivresse véritable — un délire dont nous ne saurions donner une idée.

Marie-Jeanne, dans sa tendresse de mère, était jalouse du rosier, et prétendait que Nanette l'aimait moins depuis qu'elle avait ainsi donné son cœur à l'arbuste.

Quelques mois se passèrent — l'automne arriva.

Les roses se flétrirent et tombèrent effeuillées, l'une après l'autre.

Nanette se consola, en se disant qu'au printemps prochain boutons et roses reviendraient.

Hélas! il en devait être autrement.

Un mal inconnu se déclara.

L'arbuste fut atteint d'une de ces consomptions sans remède qui s'attaquent aux frêles plantes emprisonnées dans l'argile d'un vase trop étroit pour leurs racines.

Et puis, sans doute, l'air et la lumière manquaient.

Nanette essaya, pendant bien des jours, de lutter contre l'évidence.

Mais enfin la triste vérité éclata.

L'arbuste avait cessé de vivre.

Quand l'enfant ne put plus conserver l'ombre d'un doute ni d'une espérance — on la vit pâlir et chanceler — quelques larmes ruisselèrent sur son visage morne — puis elle tomba évanouie.

Lorsqu'elle revint à elle, une fièvre ardente se déclara — Nanette était bien malade, et, durant plus d'une semaine, on crut qu'elle allait mourir avec son rosier.

Une fois guérie, et même longtemps après — on ne parlait jamais devant elle du pauvre petit arbuste qu'elle avait tant aimé — car son cœur se serait serré, et on aurait vu ses beaux yeux se remplir de larmes soudaines.

Voilà comment Nanette Lollier aimait les fleurs.

VIII

Nanette et Rosette. — Les fiancés.

Depuis le commencement de ce volume nous n'avons mis pour ainsi dire sous les yeux de nos lecteurs que de fort vilaines figures.

La Bricole — don Gusman de Tulipano

— Grain-d'Orge, — sont des modèles achevés de laideur physique et morale.

Il est grand temps, ce nous semble, de reposer un peu les regards, en esquissant de plus gracieux visages, en traçant des tableaux moins odieux.

C'est ce que nous allons essayer de faire.

Dans le chapitre précédent, nous avons décrit rapidement la pièce principale de l'habitation de la famille Lollier,

Voilà le cadre.

Plaçons-y maintenant les personnages.

Ces personnages étaient au nombre de trois — deux jeunes filles et un jeune homme.

C'était d'abord une grande et belle fille, blonde et fraîche — à la lèvre rouge et *mutine* — aux grands yeux de velours bleu, sous une double rangée de longs cils.

Cette jeune fille, vêtue du charmant *deshabillé* de toile peinte des grisettes parisiennes à cette époque, semblait une vivante personnification de la gaîté vive et de l'humeur franche et joyeuse.

Elle riait sans cesse et à tout propos.

On eût dit qu'il y avait une perpétuelle coquetterie dans ce rire intarissable, qui laissait voir l'émail humide de ses petites dents, aussi blanches que celles d'un jeune chien, et qui creusait de mignonnes fossettes à son menton et aux coins de sa bouche.

Mais nous prenons sur nous d'affirmer que la coquetterie n'y était pour rien.

Rosette — ainsi se nommait la joyeuse fille — aurait ri tout autant, quand même le rire l'eût rendue moins jolie.

Elle était assise sur une chaise de bois, dont le dossier s'appuyait à la table carrée qui se trouvait au milieu de la chambre.

Ses mains rosées — cachées à demi par de petites mitaines de fil blanc — jouaient nonchalamment avec quelques fleurs, enlevées sans doute au bouquet dont nous avons parlé.

Tout en les effeuillant elle riait.

En face, et tout auprès d'elle, se tenait debout un grand et beau jeune homme, portant le galant uniforme de sergent aux gardes-françaises.

Rien ne seyait mieux que ce costume à sa taille élevée et bien prise — à ses épaules larges et parfaitement effacées — à sa figure mâle et expressive, et d'une régularité qui n'excluait point l'expression.

On devine que ce beau jeune homme n'était autre qu'Eustache Lollier, le fils aîné de Marie-Jeanne.

— Oh ! Rosette — murmurait-il — ravissante et méchante fille ! — pourquoi me tourmenter ainsi ?...

— Le menteur !... — interrompit Rosette avec un frais éclat de rire — pourquoi dire que je suis méchante quand il n'en pense

pas un mot!... — je vous tourmente! moi?...
— et comment ?

— Vous le savez bien!...

— Nenni, da!...

— Pourquoi, quand je vous en prie si fort, refuser de convenir que vous m'aimez?...

— En doutez-vous? — demanda moqueusement Rosette.

— Non... mais...

— Eh! bien, puisque vous prétendez le savoir, pourquoi demander que je vous le dise?

— C'est si bon à entendre!...

— Est-ce donc la mode, aujourd'hui, que

les honnêtes filles parlent d'amour aux gardes-françaises !... — s'écria Rosette en riant de plus belle.

— Oui, certes, quand le garde-française et la jolie fille doivent se marier dans huit jours...

— Eh bien ! attendons que le mariage soit fait... et alors...

— Alors ?...

— Nous verrons... — peut-être vous dirai-je après ce que je ne veux pas vous dire avant... — et ne vous plaignez point de cela, mon pauvre Eustache, — ajouta Rosette avec son rire étincelant — il y a tant de maris dans Paris à qui tout le contraire arrive, et à qui l'on dit avant ce qu'on ne leur dit plus après...

Il y avait dans ces paroles un aveu déguisé qui n'échappa point au jeune homme.

— Vous êtes un ange, oh ! Rosette !... — s'écria-t-il avec transport.

— Tiens ! je ne suis donc plus méchante !...

— Oui, un ange !... et je vous adore...

Et le garde-française, s'emparant d'une main que la jeune fille ne défendit pas trop, la couvrit d'une demi-douzaine de bons gros baisers bien sonores.

Et Rosette, pendant ce temps, que faisait-elle ?

Elle riait.

Cependant, une autre jeune fille, —

assise tout auprès de la fenêtre qui ne laissait pénétrer qu'un jour assez douteux à travers ses petits carreaux verdâtres, enchâssés dans du plomb semblait s'absorber entièrement dans le travail de couture qu'elle était en train de mener à bonne fin.

Mais, du coin de l'œil, elle regardait avec une curieuse attention le gracieux tableau dont nous venons d'esquisser les lignes.

Cette jeune fille était Nanette Lollier.

Jamais plus radieuse beauté n'avait mérité mieux d'attirer tous les regards et de faire battre tous les cœurs.

Jamais le ciseau du sculpteur et le pinceau du peintre, s'unissant pour créer un chef-d'œuvre, n'auraient réusssi à produire un ensemble aussi parfait, aussi complétement irréprochable.

Nanette était le type idéal de la perfection et de la beauté.

Non point de cette beauté froide — de cette beauté classique et convenue, qu'on admire et qui glace — mais de la beauté vraiment féminine et parisienne, dans ce qu'elle a de plus gracieux et de plus souriant.

Sous ses longs cheveux bruns, d'une richesse et d'un éclat merveilleux — relevés sur les tempes et formant, à la hauteur de ses petites oreilles nacrées, deux accroche-cœurs irrésistibles, se voyait un front pur et d'une inaltérable blancheur.

Le galbe un peu allongé du visage ne nuisait en rien à la rondeur des joues qu'on eût dit recouvertes de ce délicieux velouté qui fait le charme des pêches mûres.

Ses grands yeux noirs — doux, rêveurs et vifs à la fois — étaient expressifs comme la parole, et lançaient parfois les étincelles d'un feu voilé.

La bouche — cette petite bouche des femmes de Watteau, dont aujourd'hui le dessin est perdu — semblait, — malgré la chasteté candide de ses lignes, et pour nous servir d'une expression empruntée au langage du temps — *l'arc du petit dieu Cupidon.*

Cette tête idéale s'attachait aux épaules par un cou aussi pur, aussi parfait, que devait l'être plus tard celui de la belle et malheureuse princesse de Lamballe.

La taille, souple et cambrée comme celle d'une Espagnole, était un peu frêle peut-être, mais le corsage promettait de bientôt offrir ces formes arrondies et voluptueuses qui manquent à la première jeunesse, et dont l'absence, à quinze ans, est une grâce de plus.

Les duchesses — et nous disons les plus fières de leur pied aristocratique et de leur main patricienne — eussent envié le pied et la main de Nanette Lollier.

Pas une femme peut-être, à Paris, n'aurait pu mettre les petits gants de soie qu'elle se tricotait elle-même, — et pas une, à coup sûr, n'aurait chaussé ses souliers à talons — auprès desquels la pantoufle de Cendrillon eut semblé large.

Eh! bien, tout ce que nous venons de dire, n'a servi qu'à nous prouver à nous-même l'impuissance dans laquelle nous

nous trouvons de faire de Nanette un portrait ressemblant.

Il nous faudrait les crayons de Latour ou les pinceaux de Boucher pour faire revivre dignement cette idéale figure.

Plus heureuse que *Nanette Lollier* — *Geneviève Galliot* avait trouvé un peintre — et quel peintre, l'immortel Greuze !

La pauvre Nanette est morte toute entière — et nous ne savons pas la ressusciter !...

§

Tout à coup, et au moment où Eustache Lollier venait d'embrasser si bruyamment la main de sa rieuse fiancée — Nanette jeta son ouvrage — un superbe caraco de sa mère, presque neuf et qui n'avait servi que pendant deux ans, — elle se leva et s'approcha légèrement des deux jeunes gens.

Nous ne saurions dire combien de grâces nouvelles récelait sa démarche.

C'est pour elle que semblait devoir être fait, cent ans plus tard, ce vers charmant d'un grand poète:

Même quand l'oiseau marche, on sent qu'il a des ailes!

— Cher frère — bonne petite sœur — dit Nanette — comme vous êtes enfants tous deux!... — vous vous taquinez presque sans cesse pour vous raccommoder ensuite — ne vaudrait-il donc pas mieux vous aimer tout simplement?... — Toi, mon pauvre Eustache, tu crois toujours que Rosette ne t'aime pas assez, et tu n'as pas raison, car elle t'adore... j'en réponds!... — Toi, Rosette, tu ris souvent quand mon frère te parle d'amour, et c'est bien mal, car ton petit cœur au fond, est tout à lui...

— Ah! par exemple!..... — dit la jolie blonde.

— Oui, *tout à lui* — reprit Nanette en appuyant malicieusement sur ces mots — et tu me le répètes sans cesse quand nous ne sommes que nous deux...

— Oh! trahison!..... — fit Rosette en riant.

— Oh! bonheur! — s'écria le garde-française.

— Accordez-vous donc bien vite — poursuivit Nanette — et, puisque tout est convenu entre vous et entre nos familles, décidez, sans plus tarder, quel jour et en quel endroit nous danserons à votre noce...

IX

L'homme propose et la femme dispose.

La dernière proposition de Nanette ne rencontra point d'opposants.

Au fond, la jolie blonde — ainsi que l'avait affirmé traîtreusement Nanette — adorait le garde-française.

Elle riait de ses paroles d'amour, parce qu'elle riait de tout, — elle le contrariait volontiers, parce qu'elle était d'humeur moqueuse, — mais son cœur battait bien fort lorsqu'elle se disait que, dans quelques jours, elle serait à lui — bien à lui.

— C'est cela ! — s'écria Eustache — convenons de tout !... — cette noce — cette belle noce, où la ferons-nous ?...

— D'abord — dit Nanette — je prétends avoir voix délibérante au conseil...

— Parbleu ! — répliqua Eustache — cela va sans dire...

— Oh ! oui, petite sœur — fit à son tour la fiancée du garde-française — donne-nous ton avis... tout ce que tu voudras, moi, je le voudrai...

— Avant tout — reprit le jeune homme —

il nous faut un endroit où la place ne manque pas... — songez que nous serons cinquante ou soixante personnes, au moins...

— Tant que cela ? — fit Nanette.

— Je crois bien ! — compte donc un peu — nos deux familles et les amis de nos familles — et, grâce à Dieu, nous en avons quelques-uns, et des bons — ensuite tous mes amis à moi, les sergents aux gardes-françaises... — En grande tenue !... et de la musique — j'aurai les fifres et les tambours — mon lieutenant me l'a promis...

— Vraiment ! — s'écria Rosette en riant aux éclats et en frappant ses deux petites mains l'une dans l'autre — mais ce sera charmant.

— Charmant, chère Rosette !... — dis

donc magnifique!... — ah! l'on parlera longtemps de la noce d'Eustache Lollier et de Rosette Pierrefitte, la plus jolie fille du quartier Saint-Martin!...

— Après Nanette — s'écria la rieuse, en sautant au cou de sa sœur future.

— Oh! — répliqua Nanette — les sœurs ne comptent pas... pour leurs frères du moins... d'ailleurs tu es plus jolie que moi toi, Rosette...

— Non pas...

— Je t'assure que si...

— Je te jure que non...

Ce fut au tour d'Eustache à se mettre à rire.

Il coupa court à la discussion en disant:

— Vous avez raison toutes deux, car vous êtes aussi jolies l'une que l'autre!...

Rosette récompensa son fiancé par un sourire.

Puis elle demanda :

— Eh bien, que décidons-nous ?

— Je propose les *Porcherons* — fit Eustache.

Une petite moue charmante vint aux lèvres de Nanette.

— Oh! les Porcherons... — fit-elle.

— Est-ce que cela ne te sourit pas, ma sœur?...

— Franchement, non.

— Pourquoi?

— C'est un vilain endroit, les Porcherons... — répondit la jeune fille, — on prétend qu'il y vient des seigneurs déguisés ,.

— je crois que nous n'y serions pas tranquilles... — d'ailleurs ce n'est pas assez champêtre, on n'y voit point une pauvre fleur...

— N'en parlons plus — dit gaîment Eustache,

— Repoussé avec perte!... — s'écria Rosette en riant.

— Méchante! — riposta gaîment Eustache — je suis battu, c'est vrai, mais vous paierez les frais de la guerre!...

— Et comment?

— Vous allez voir.

Tout en parlant, il l'embrassa.

Rosette rougit jusqu'au haut de son front si blanc — puis elle se mit à rire, et dit :

— Tant pis pour vous, après tout!... — vous vous volez vous-même...

— Ah? bah! je me restituerai mon bien plus tard.

— Voyons — fit Nanette — autre chose?

— Que dites-vous des *Prés-Saint-Gervais?*

— C'est mieux — répliqua la jeune fille.

— Ce n'est donc pas encore tout à fait bien?

— Non — je crois qu'on peut trouver mieux encore...

— Je parie, sœur, que tu as une idée...

— C'est possible.

— Dis-la — dis-la vite, ton idée, petite sœur! — s'écria Rosette — je parie, moi, qu'elle est excellente!...

— Eh! bien, puisque vous le voulez, je songeais au *Moulin de Javelle*...

— Oui!... oui!... oui!... — dirent à la fois les deux jeunes gens — Nanette a raison!

adopté! adopté! vive le moulin de Javelle!...

Et le garde-française se mit à chanter, d'une voix de stentor, cette vieille chanson de l'époque, qui n'est pas beaucoup moins mauvaise que certains couplets de vaudevilles modernes :

> Au moulin de Javelle
> Vont deux à deux
> Les amoureux!...
>
> Au moulin de Javelle
> Que la beauté soit fidèle
> Car au moulin de Javelle
>   Les amoureux
>   Sont heureux!...
>
> Le plus beau séjour du monde
> C'est celui-là, je le crois!...
> Chacun y vient, à la ronde
> S'amuser, comme des rois!...
>
> C'est au moulin de Javelle
> Que le plaisir nous appelle!...
> Vive ce charmant séjour
> De l'hymen et de l'amour!...

Quand Eustache eut achevé, les deux

jeunes filles se prirent par la main, et se mirent à tourner joyeusement autour de la table, en répétant :

> C'est au moulin de Javelle
> Que le plaisir nous appelle!...
> Vive ce charmant séjour
> De l'hymen et de l'amour !...

§

Nanette et Rosette n'avaient point achevé leur ronde lorsque Marie-Jeanne, portant sur sa tête une grande manne d'osier, qui renfermait une demi-douzaine de bourriches, parut dans le cadre de la porte, en s'écriant d'un ton de bonne humeur :

— Allons !... allons !... mes p'tites chattes, v'là qui va ben !... — j'vois qu'ici l'on n'engendre point de mélancolie !... — N'vous gênez pas pour moi, les enfants!... si le cœur vous en dit encore, dansez, sautez, trémoussez-vous!... — Jarniguienne!... sans mes vieilles jambes, j'crois, ma fine, que j'en ferais tout autant!...

Marie-Jeanne était une grande et forte femme, vêtue de couleurs éclatantes à la mode des poissardes de ce temps, et portant un mouchoir de coton rouge, noué d'une façon pittoresque autour de ses cheveux grisonnants.

Sa haute taille était droite encore — ses traits réguliers, quoique flétris par les nombreuses fatigues de sa vie — et l'on voyait que, quelque vingt ans auparavant — elle avait dû être fort belle.

Seulement il n'existait en son apparence aucun vestige de cette distinction exquise qui rendait sa plus jeune fille si admirable.

Nanette et Rosette l'aidèrent à se débarrasser de sa manne — les bourriches — remplies de poisson qui n'avait pas été vendu — furent rangées dans un coin — puis les deux jeunes filles embrassèrent l'une après l'autre, et avec expansion, la poissarde.

— Ah! Rosette, ma mignonne Rosette — dit Marie-Jeanne — comme te v'là donc gentille au jour d'aujourd'hui!... — t'es plus fraîche, parole d'honneur, qu'une limande qui frétille encore!... — A-t-il de la chance, ce mauvais sujet d'Eustache!... en a-t-il!...

— Plus que je ne mérite, n'est-ce pas, ma mère? — demanda le garde-française en souriant.

— Oh! je ne dis pas ça! — répondit

Marie-Jeanne — tu es un garçon bien méritant, c'est la vérité!... — Mais, n'empêche, t'as de la chance, tout de même!...

— Et il le sait bien — fit Nanette.

Pendant ce dialogue, la blonde Rosette, en un accès de rire éclatant, montrait ses trente-deux dents blanches.

— Ah! ça, voyons — demanda Marie-Jeanne — à quand la noce?... avez-vous décidé ça, mes enfants?

— Nous avons du moins choisi l'endroit où nous la ferons — répondit le garde-française.

— Et c'est?...

— Au moulin de Javelle.

— Tiens!... tiens!... tiens!... ça me va beaucoup! — c'est un endroit gai, le moulin de Javelle! — Je vas mettre d'côté, pour le repas, deux turbots, quatre barbues et une douzaine d'homards, que Sa Majesté, notre monarque, n'en a pas de pareils sur sa table les jours de gala...

Pendant quelques minutes la conversation continua sur ce ton joyeux.

Puis la plupart des membres qui composaient la famille Lollier, rentrèrent successivement au logis.

Ce fut d'abord le père — André Lollier, libre de bonne heure, ce jour-là, de ses travaux à la Halle.

Puis, deux ou trois des jeunes filles, employées dans le quartier à des travaux de couture ou de blanchissage.

Et, enfin, Marcel Lollier — celui des enfants qui était venu au monde immédiatement avant Nanette.

Marcel avait seize ans et quelques mois.

Il ressemblait tellement à sa plus jeune sœur — les traits de son visage imberbe étaient si fins et si délicats — ses joues offraient un velouté si suave et si virginal que, s'il eût revêtu par divertissement des habits de femme, on l'aurait pris, sans aucun doute, pour Nanette elle-même.

Marcel se destinait à la profession d'imprimeur — mais sans grand espoir de pouvoir jamais amasser les fonds nécessaires pour acheter une maîtrise d'imprimeur ou de libraire.

Grâce à la puissante protection du cuisinier de M. Panckoucke — l'un des meilleurs clients de Marie-Jeanne — Marcel avait obtenu une place d'apprenti dans les immenses ateliers du célèbre éditeur de l'*En-*

cyclopédie — lequel, comme on sait, menait train de grand seigneur et réunissait habituellement à sa table Diderot, d'Alambert, Helvétius, le baron d'Holbach, et enfin presque toutes les illustrations littéraires contemporaines.

Marcel se montrait extrêmement fier de contribuer pour sa part à l'érection de ce monument que la littérature et la philosophie du dix-huitième siècle élevaient comme une tour de Babel nouvelle et non moins orgueilleuse que l'ancienne.

X

Repas de famille.

La famille rassemblée applaudit avec expansion — ainsi que déjà nous l'avons entendu faire à Marie-Jeanne — au choix que venaient de formuler les fiancés. — Décidément le moulin de Javelle réunissait toutes les sympathies.

Le présent jour était un samedi.

Il fut décidé que le mariage serait célébré le samedi de la semaine suivante.

Cependant Marie-Jeanne avait placé sur la table carrée une nappe de toile commune élimée en plus d'un endroit, mais d'une blancheur éblouissante.

Ceci fait, elle s'occupa activement des préparatifs du repas.

— Ah! ça, ma belle petite Rosette, — dit-elle ensuite à la fiancée de son fils, — j'espère bien que tu vas rester à dîner avec nous... d'abord, je te préviens que je vais mettre ton couvert à côté de celui de ce bon sujet d'Eustache, c'qui n'te déplaira guère, j'imagine...

— Je le voudrais bien... — répondit la jeune fille en riant — pas pour être à côté de M. Eustache, au moins, mais pour rester avec vous et avec ma bonne Nanette, mais, malheureusement, ça ne se peut...

— Bah! et pourquoi?

— Parceque ma mère m'attend... elle m'a permis de venir vous dire un tout petit bonjour, mais elle m'a bien recommandé de ne pas rester trop longtemps...

— Dans ce cas — répliqua Marie-Jeanne — je n'insiste point, — ça n'est pas moi qui détournerai jamais les enfants de c'qui se doit à l'obéissance paternelle et maternelle, car, si n'importe qui, pour n'importe qu'est-ce, en faisait autant aux miens, ah! jour de Dieu!... ça n'irait pas bien!... — viens donc par ici que je t'embrasse, ma petite Rosette, et file...

— Je vais vous quitter aussi, ma mère — dit alors le sergent aux gardes.

— Tiens! tiens! tiens!... est-ce que t'as du vif argent dans les veines, comme Rosette, mon garçon?...

— Non, ma mère, mais mon lieutenant m'a recommandé de rentrer de bonne heure à la caserne... et, vous comprenez, comme j'ai besoin d'un congé pour toute la semaine prochaine, je ne veux pas risquer d'indisposer mes supérieurs contre moi...

— T'as raison, garçon, t'as raison... — l'obéissance et la *subostination* avant tout...

— Et — continua Eustache — comme

c'est mon chemin de passer justement devant la maison de madame Pierrefitte, je ferai la route avec mademoiselle Rosette — si c'est un effet de sa grande bonté de me le permettre — et je la laisserai à sa porte...

Rosette, Nanette, Marie-Jeanne et tous les autres témoins de cette petite scène se mirent à rire.

— Ah! ah! — s'écria la poissarde — fallait donc dire ça tout de suite!... — j'comprends à présent la consigne et la caserne.., — histoire de faire un bout de chemin avec sa bonne amie!... — voyez-vous, le mauvais sujet!... — eh! bien, mes enfants allez-vous en de compagnie — quant à moi j'y obtempère!...

— Mais — dit vivement Rosette en ne

riant qu'à moitié, et avec un petit air de pruderie le plus charmant du monde — je ne sais pas trop si je dois consentir à ce que me propose M. Eustache...

— Et, pourquoi donc ça, ma petite? — demanda Marie-Jeanne.

— Dame!... qu'est-ce qu'on dira dans le quartier?

— On dira ce qu'on voudra, pardine!... ne vous mariez-vous pas dans huit jours?...

— Mais... — hasarda de nouveau Rosette.

— Il n'y a ni *mais*, ni *si*, ni *car*, — interrompit impétueusement la poissarde — quand on a pour soi sa bonne conscience, on peut se moquer de la *langue du monde*, et, quand Marie-Jeanne Lollier a garanti qu'une chose était bien, personne n'a le droit d'y trouver à redire...

Rosette avait écouté, en riant aux larmes, cette véhémente sortie de sa future belle-mère.

Lorsque la poissarde eut achevé sa péroraison, en mettant fièrement son poing sur sa hanche, la jolie blonde lui fit une coquette révérence, et dit :

— Bonne maman Marie-Jeanne, ne vous fâchez pas — je vais prendre le bras de M. Eustache — mais c'est bien pour vous faire plaisir, au moins...

— A la bonne heure ! — s'écria la poissarde — et soyez sans crainte, mes enfants, vous ferez un joli couple !... — Ah ! jarniguienne, qu'on m'en trouve un plus beau dans Paris, et je m'en vas l'aller dire à Rome!...

Rosette embrassa Nanette et Marie-Jeanne — et les petites sœurs, — et aussi Marcel — puis elle sortit avec Eustache, très fière, au fond, de s'appuyer sur le bras du plus beau sergent des gardes-françaises.

La mère Lollier les suivit jusque sur le seuil, afin de les revoir encore, et de les admirer plus longtemps.

Elle ne remarqua point un homme grand et maigre, debout, de l'autre côté de la rue, dans l'embrasure d'une porte bâtarde, et qui semblait observer avec une attention profonde le logis des Lollier.

—Ah! ces petites filles!—dit Marie-Jeanne en rentrant dans la salle commune après avoir refermé la porte — elles sont toutes les mêmes!... — Voyez c'te péronnelle de Rosette — une bien brave enfant, ma fine!... — elle grillait d'envie de s'en aller avec son amoureux, et elle n'en faisait pas moins la petite bouche et la difficile!... — dire pourtant que j'étais comme ça jadis... au temps de mes amours avec mon homme que voilà... — Hein, André, t'en souviens-tu, huit jours avant la noce?...

— Ah! je le crois bien, que je m'en souviens! — répondit galamment l'époux de Marie-Jeanne — et je dis que Rosette a beau être gentille et jolie, elle ne te serait seulement pas allé à la cheville, dans ce temps là, ma femme!...

Enchantée de ce compliment conjugal,

qui lui rappelait les roses effeuillées d'une lune de miel évanouie, Marie-Jeanne se rengorgea...

Elle rajusta, en face d'un vieux miroir, les pointes du mouchoir rouge qui lui servait de bonnet — elle jeta sur les vestiges à peu près disparus de sa beauté en ruines un regard de regret, puis elle dit :

— A table, mes enfants... à table... — nous avons tous bien travaillé — mangeons de bon appétit...

§

La famille Lollier était absorbée depuis quelques minutes dans l'importante et agréable occupation du repas, quand un coup, frappé discrètement à la porte de la rue, attira l'attention générale.

— Entrez ! — cria Marie-Jeanne, sans se déranger.

La porte s'ouvrit, et un personnage bien connu de nos lecteurs entra, en courbant sa longue échine en un salut obséquieux.

Ce personnage était La Bricole.

Il tenait sous son bras gauche son vieux chapeau lampion tout cassé.

Chatouilleuse, qui ne le quittait pas plus que son ombre, relevait la basque de son habit sans galons.

L'attitude qu'il avait prise en entrant ne permettait de voir de son visage que son nez énorme et luisant, et ses longues moustaches retroussées.

Malgré l'air bénin que La Bricole s'efforçait de donner à ses traits, toute sa personne n'en conservait pas moins son cachet à la fois grotesque et sinistre.

— Jour de Dieu! — se dit Marie-Jeanne à elle-même — jour de Dieu!... voilà un paroissien de bien mauvaise mine!...

Une frayeur instinctive s'empara de Nanette, qui détourna vivement la tête.

Cependant, malgré la mauvaise opinion qu'elle ne pouvait s'empêcher de concevoir de ce visiteur inattendu, Marie-Jeanne quitta sa place, et demanda poliment :

— Qu'y a-t-il pour votre service, monsieur?...

— J'ai tout lieu de croire — répliqua La Bricole, après une seconde et même une troisième salutation — que je me trouve en ce moment dans le sein de l'honorable famille Lollier?...

— Vous y êtes,

— Et c'est à l'estimable madame Lollier que j'ai sans doute l'honneur de parler ? — reprit La Bricole.

— A elle-même.

— Marchande de marée en gros ?

— Comme vous dites.

— Et mère du sergent Lollier, le plus

bel homme et le meilleur sujet des gardes-françaises ?

Cet éloge d'Eustache disposa Marie-Jeanne à envisager plus favorablement le visiteur.

— Oui, monsieur — fit-elle — le sergent Lollier est bien mon fils, — mais, encore une fois, qu'y a-t-il pour votre service ?

La Bricole — tout en parlant et tout en écoutant les réponses de Marie-Jeanne, — promenait autour de la table ce regard inquisiteur particulier aux espions ; — il avait reconnu, ou plutôt deviné Nanette à sa radieuse beauté.

Au bout d'un instant, il répondit :

— Je souhaiterais, madame, parler à

votre fils aîné — je suis chargé pour lui d'un message de quelque importance...

— Est-ce bien pressant, ce message ?

— Oui, madame.

— Dans ce cas, vous n'avez pas de chance.

— Pourquoi donc ?

— Parce que, si vous étiez arrivé cinq minutes plus tôt, vous auriez rencontré Eustache ici...

— Et, maintenant ?

— Maintenant il vous faudra lui courir après pour le rattraper ?

XI

Un ami inconnu.

La Bricole fit un geste destiné à exprimer le désappointement.

— Ah ! bah ! — dit-il au bout d'un instant — le sergent est parti ! eh bien ! tant pis, je lui courrai après, les jambes sont bonnes !..

— Seulement — reprit Marie-Jeanne — je vous conseille de vous dépêcher, tout d'même, car Eustache marche comme un cerf... — après ça, peut-être bien qu'il se sera arrêté queq'z-instants à la porte de Rosette.

— Rosette? — demanda La Bricole avec un accent interrogateur.

— Oui, sa future — Eustache se marie dans huit jours...

— Tiens! tiens! tiens!... — mes compliments!... — ah! le gaillard!... il ne m'en avait rien dit... — c'est mal!...

— Est-ce que vous êtes de ses amis?

— De ses amis!... — si j'en suis?... — mais je le crois bien, madame Lollier, et des plus intimes encore!... — il ne peut guère se passer de moi... — le lieutenant, quand il est de bonne humeur, nous appelle *Oreste* et *Pylade*.

— Pour lors il vous invitera à sa noce.

— Ah! pardieu, j'y compte bien!..... — s'il ne le faisait pas, je ne lui pardonnerais de ma vie!... foi de gentilhomme!!...

Et, ce disant, La Bricole retoussa victorieusement sa moustache.

— Gentilhomme!... — s'écria Marie-Jeanne éblouie — vous êtes gentilhomme?...

— Chevalier, madame Lollier, pour vous servir...

— Comme Eustache a de belles connaissances!... — pensa la poissarde enthousiasmée.

La Bricole reprit:

— Et, cette noce, quand la ferons-nous?...

— D'aujourd'hui en huit, au Moulin de Javelle.

— Parfait!... — vingt fois par jour ce cher Eustache me parle de sa sœur, mademoiselle Nanette, la plus jolie fille de Paris, j'espère bien avoir l'honneur d'être son cavalier pour plus d'un rigodon...

— Réponds donc, Nanette — réponds donc à M. le chevalier... — dit vivement Marie-Jeanne en poussant le coude de sa fille.

Nanette ne répondit pas et rougit jusqu'au blanc des yeux.

— Ah! — fit la poissarde — ces jeunesses c'est timide et ça s'embarasse d'un rien..., mais elle est bien reconnaissante de l'honneur que vous lui faites, j'en réponds.

— Maintenant, chère madame Lollier — poursuivit La Bricole — indiquez-moi, je vous en prie, le chemin qu'a tenu Eustache; je suis chargé pour lui, je vous le répète, d'un message important, il est essentiel que je le ratrappe...

— Eh bien! en sortant d'ici, tournez à gauche, et, ensuite, prenez à droite dans la rue Saint-Denis....., — vous rencontrerez Eustache dans la rue, pour sûr, car il retournait à la caserne après avoir reconduit Rosette...

— J'y vole... — agréez, je vous en prie,

madame, ainsi que toute votre honorable famille, l'assurance de mon profond respect...

La Bricole salua de rechef, aussi bas qu'il l'avait fait en arrivant — puis il pivota sur ses talons — Il ouvrit le compas de ses larges jambes et, remettant sur sa tête son chapeau lampion, il s'élança dans la direction de la rue Saint-Denis, tout en caressant la poignée de *Chatouilleuse*.

Aussitôt qu'il eût disparu, Marie-Jeanne revint s'asseoir à table, et formula tout haut la réfléxion que nous lui avons déjà entendu formuler tout bas.

— Comme Eustache a de belles connaissances !... — un gentilhomme !... — un chevalier !... — ça n'est pas du petit monde, ça, tout de même !...

— Il est bien laid, l'ami d'Eustache — dit Nanette timidement.

— C'est vrai qu'il n'est pas beau — répliqua la poissarde — mais il a l'air noble, ça c'est sûr...

— Noble... noble..., — fit André Lollier en hochant la tête — je lui trouve, moi, plutôt la figure d'un bandit que la mine d'un gentilhomme...

Marie-Jeanne frappa du poing sur la table.

— C'est que vous ne vous y connaissez pas ! — s'écria-t-elle — j'vous soutiens, moi, jarniguenne, que c'est un véritable grand seigneur...

— Oh ! pour ça — fit Marcel qui n'avait

encore rien dit — oh! pour ça, j'en doute...

— T'en doutes, morveux ?...

— Ma foi, oui.

— Et, pourquoi donc ça, s'il vous plaît ?...

— Parce que j'en vois toute la journée, moi, des gentilshommes, chez M. Pankoucke, et des grands seigneurs aussi — M. le marquis de Louvois et M. le prince de Courtenai, et son fils, et bien d'autres:.. et ils ne ressemblent guère à l'individu qui sort d'ici...

— Et quelle différence donc que tu trouves entre eux, blanc bec ?...

— D'abord ils ont de beaux habits tout dorés et tout galonnés...

— Ce n'est pas le galon qui fait l'homme !

— Et de belles épées, à poignées de nacre ou d'or, avec des pierres précieuses et des nœuds de rubans... — ils ne portent point de moustaches, et leur mine est bien différente... — Moi, je suis comme mon père, je trouve que l'ami d'Eustache a l'air d'un cuistre...

Une approbation générale accueillit les dernières paroles du jeune imprimeur.

Marie-Jeanne ne se tint point pour battue, mais, comme elle n'avait pas de bonnes raisons à donner à l'appui de son opinion, la conversation en resta là, — du moins sur ce chapitre.

§

Le repas venait de s'achever, et les jeunes filles remettaient en ordre les plats, les assiettes, et les couverts d'étain bien luisants, quand Eustache, que personne n'attendait, rentra dans la pièce que nous connaissons,

Le sergent aux gardes-françaises avait tout simplement prétexté des affaires à sa caserne afin de pouvoir reconduire Rosette, mais la vérité est qu'il avait pour ce jour-là une permission de dix heures.

— Tiens! — s'écria Marie-Jeanne — te revoilà, toi, bon sujet!...

— Comme vous voyez, ma mère — et bien-venu, je pense...

— Oh! toujours! — Mais comment que ça se fait?...

Eustache raconta ce que nous venons d'expliquer.

— Alors et pour lors — reprit la poissarde — tu arrives tout droit de chez la mère Pierrefitte!...

— Tout droit.

— Et tu n'as rencontré personne en route?

— Personne de ma connaissance.

— Eh bien! mon garçon, prends tes jambes à ton cou, et file...

— Où donc?

— A la caserne.

— Allons donc!... il n'est pas six heures du soir!...

— Ça n'y fait rien — dépêche-toi...

— Plaisantez-vous ? — pourquoi me dépêcher quand rien ne me presse ?...

— Rien ne te presse ?... c'est ce qui te trompe...

— Que voulez-vous dire ?

— Qu'il y a un message qui t'attend à la caserne...

— Un message ?...

— Oui.

— De qui ?

— De tes chefs.

— Qui vous l'a dit ?

— Ton ami intime.

— Quel ami ?

— Le grand, — le maigre — celui qui a des moustaches longues comme ça — le gentilhomme... — le chevalier...

Eustache regardait sa mère avec la stupéfaction la plus profonde et la plus comique.

— Voyons — reprit la poissarde impatientée — quand tu me regarderas pendant une heure avec des yeux comme ceux d'une brême de mer !... — Jour de Dieu, tu sais bien de qui je veux parler...

— Mais non, ma mère, je vous jure...

— Ton ami, le gentilhomme... ton intime ami... — il a pris la peine de venir ici lui-même, avec le message... — il nous a présenté à tous ses civilités comme un parfait seigneur, et point fier à l'encontre des petites gens... — et il te court après, à l'heure qu'il est, jusqu'à la caserne, où il t'attendra avec son message...

Eustache — de plus en plus stupéfait de ce qu'il entendait, à mesure que sa mère entrait dans de nouvelles explications — prit le parti de s'asseoir sur une chaise, au milieu de la chambre, et regarda autour de lui d'un air effaré.

— Ah! ça — demanda le jeune Marcel, tout en riant de la figure de son frère — est-ce que tu ne le connaîtrais pas, ton ami intime ?...

— Mais, franchement — répliqua le sergent — ça me fait assez cet effet-là !...

— Impossible! — s'écria Marie-Jeanne — et, la preuve, c'est que ton lieutenant a dit, en propres paroles, qu'*au reste* ce gentilhomme et toi vous étiez *Pilate* ensemble...

— Voyons — fit alors Eustache — expliquons-nous, ma mère, je vous en prie, car, foi de sergent aux gardes-françaises, je ne comprends pas un traître mot de ce que vous me racontez depuis un quart d'heure.

Marie-Jeanne leva les mains vers le ciel comme pour attester que son fils aîné perdait la tête.

Puis elle commença le récit de la visite à laquelle nous avons fait assister nos lecteurs, et elle traça de La Bricole un portrait tellement ressemblant qu'il était impossible de ne point reconnaître ce personnage, pour peu qu'on l'eût rencontré une seule fois dans sa vie.

— Eh bien! — demanda-t-elle, en achevant — comprends-tu maintenant, et sais-tu de qui *que* je parle?...

Tous les membres de la famille attendaient impatiemment la réponse d'Eustache, qui avait écouté Marie-Jeanne avec une profonde attention et sans l'interrompre une seule fois.

Mais cette réponse ne fut point, de prime-abord, celle qu'on attendait.

— Ma mère — demanda Eustache — où mettez-vous votre argent?

— Là — répondit machinalement la poissarde, en désignant du geste une des grandes armoires appuyées contre la muraille, et dont nous avons déjà parlé. — Mais, quel rapport?...

— Le plus grand rapport, ma mère — comptez vos écus, il doit vous en manquer quelques-uns...

— Ah! bon Dieu! — s'écria Marie-Jeanne, en se précipitant vers l'armoire — ah! bon Dieu, et pourquoi donc?

— Parce que cet homme, qui s'est prétendu mon ami intime, je ne le connais pas, et, par conséquent, c'est un voleur!...

Marie-Jeanne, épouvantée, ouvrit l'armoire, et compta son argent.

Il ne lui manquait pas un sou.

— Tu vois — dit-elle — on n'a rien touché...

— C'est qu'il venait seulement reconnaître les lieux — répliqua Eustache, — et qu'il fera son coup quelqu'autre jour. — Veillez donc bien, je vous le conseille...

Le reste de la soirée se passa à bâtir une foule de conjectures sur l'incident qui nous occupe. — Mais l'idée ne vint à personne que Nanette était le trésor auquel en voulait La Bricole.

XII

Gentilhomme et grand d'Espagne.

Le soir de ce même jour, à l'heure accoutumée, très hauts et très puissants seigneurs, le chevalier de La Bricole et don Gusman de Tulipano s'installaient devant un bol d'eau-de-vie brûlée, dans le cabinet du premier étage de la taverne du *Broc d'Argent.*

Ces dignes acolytes devisaient de choses et d'autres en attendant le factotum du seigneur inconnu.

Grain d'Orge ne se fit pas longtemps attendre.

Il arriva, de ce pas calme et mesuré dont il avait l'habitude — il plaça sur deux chaises sa canne et son chapeau galonné, avec cet air digne et majestueux dont il ne se départissait jamais, et il entama l'entretien en ces termes :

— Y a-t-il du nouveau, messieurs?...

— J'aurais presque le droit de trouver cette question injurieuse — répliqua agréablement La Bricole — quand je me mêle d'une affaire, il y a toujours du nouveau...

— Ainsi, vous avez agi?

— Pardieu!

— Qu'avez-vous fait?

— Je me suis rendu rue Aubry-le-Boucher, et j'ai pénétré dans l'intérieur de la famille Lollier...

— Ah! ah!...

— J'ai vu, de mes propres yeux, mademoiselle Nanette, et, foi de gentilhomme, votre maître est un homme de goût!... — Cette aimable jouvencelle est le plus friand morceau qui puisse raviver un appétit blasé — la fleur la plus fraîche qu'un connaisseur émérite puisse souhaiter de cueillir!... — Vertuchoux et mort de ma vie! je crois que si j'étais millionnaire, je ne regarderais point à cent mille écus pour me passer un semblable caprice!...

Tout ce verbiage ennuyait Grain-d'Orge.

Il interrompit net La Bricole au milieu de son pathos exalté, et il lui dit :

— Avez-vous un plan ?

— Oui.

— Voyons.

Mais le chevalier n'était point homme à arriver à son but sans de notables périphrases.

— Vous comprenez — fit-il — qu'une tentative d'enlèvement ne peut avoir lieu, au milieu d'une nombreuse famille, et dans un quartier populeux, sans amener un abominable scandale...

— Je comprends cela, et vous savez aussi bien que moi qu'il faut éviter ce scandale...

— Soyez tranquille — tout est prévu.

— Mais, comment ?

— La jeune fille a un frère aîné...

— Sergent aux gardes-françaises?

— Tout juste.

— Eh bien?

— Par un bonheur fait exprès pour nous, ce frère se marie dans huit jours...

— Que nous importe?

— Il nous importe beaucoup. — Savez-vous où se fera la noce?

— Non — et je ne tiens guère à le savoir...

— C'est pourtant là le point important. — Le repas et le bal auront lieu au Moulin de Javelle... — Comprenez-vous, maintenant?

— Je commence.

— Rien ne nous sera plus facile, à don Gusman de Tulipano et à moi, que de nous faufiler parmi cette cohue plébéienne, pendant le tumulte du bal, après l'enivrement du repas — nous mettrons adroitement la main sur l'oiseau — la cage sera là, tout près, sous la forme d'un carrosse attelé de deux bons chevaux — nous vous jetons l'enfant sur les bras, et, fouette cocher, votre maître sera content et notre argent sera gagné...

Grain-d'Orge avait écouté ce qui précède, d'un air incontestablement approbateur.

— En effet — dit-il ensuite — votre plan me semble ingénieux et sa réalisation est aisée... — oui, décidément votre idée est bonne...

— Admirable tout simplement! — appuya La Bricole en tordant sa moustache.

— Que vous faut-il pour l'exécution ?

— Peut-être deux ou trois hommes sûrs, mais je me charge de les trouver — ensuite le carrosse en question.

— C'est mon affaire. — Vous dites que la noce aura lieu dans huit jours?

— Oui, samedi prochain — c'est décidé, convenu, irrévocablement arrêté.

— Alors, vendredi, nous irons tous les trois au Moulin de Javelle, afin de nous y concerter mieux et d'aviser au dernières dispositions à prendre...

— Sera-ce à l'heure du dîner ?

— Pourquoi cela ?

— Parce qu'on y dîne à merveille — le vin est bon et les matelottes de carpes et d'anguilles ne rencontrent leurs pareilles ni à la Rapée ni à Bercy.

— Soyez tranquille, nous y dînerons.

— Oh ! je connais la largeur de vos façons d'agir et je sais que vous ne lésinez point sur les détails... ceci m'encourage...

La Bricole s'interrompit :

— A quoi? — demanda Grain-d'Orge.

— A vous exposer que don Gusman de Tulipano et moi, nous éprouvons le besoin de renouveler notre garde-robe, dont le désarroi significatif ne manquerait point d'attirer l'attention sur nous, en une circonstance où tous nos soins doivent avoir pour but de rester inaperçus...

— Ce qui veut dire que vous demandez une nouvelle avance?...

— Pour frais de costumes — oui, monsieur.

— Eh bien ! soit — voici quinze louis — mais songez à bien servir celui qui vous employe et qui vous paye...

— Oh ! — s'écria La Bricole avec enthousiasme et conviction — pour un seigneur si généreux, on se ferait rouer de bon cœur !...

— D'ici à vendredi — poursuivit Grain-d'Orge — il est utile de nous voir encore une fois...

— Nous sommes à vos ordres.

— Je viendrai ici mercredi soir, et si, par hasard, il était survenu quelqu'incident nouveau, vous m'en feriez part...

— Nous n'y manquerions pour rien au monde...

Grain-d'Orge se retira.

La Bricole et Tulipano continuèrent à boire, après avoir partagé les quinze louis dont, bien entendu, le chevalier garda dix pour lui.

§

Le lendemain matin, les deux bandits se rendirent, chacun de son côté, chez des brocanteurs de leurs connaissances, afin d'y procéder au rajeunissement de leur toilette quelque peu délabrée.

Nous savons depuis longtemps que la vocation de La Bricole était de se donner des airs de gentilhomme.

Pouvoir être pris pour un seigneur par les

gens du menu peuple, lui semblait le bonheur suprême.

Le costume dont il se rendit acquéreur était de nature, du moins selon lui, à coopérer à cette illusion.

Ce costume, vendu sans doute de seconde main par quelque valet de chambre de grande maison, était arrivé chez le brocanteur après avoir subi des fortunes diverses.

Il consistait en une culotte de velours d'une nuance indéfinissable — en une veste de satin blanc, toute constellée de broderies délicates qui serpentaient en filets d'or autour des revers et des boutonnières — et, enfin, en un habit de taffetas changeant surchargé de galons et d'agréments d'or.

Le satin de la veste était à la vérité frippé, fané, les broderies noires et éraillées.

Des galons de cuivre à peine doré, avaient remplacé les galons jadis précieux de l'habit.

Mais qu'importait à la Bricole ?

Le costume — tel qu'il était — produisait son effet à distance.

C'en était assez pour satisfaire le bandit, peu difficile.

Il compléta son accoutrement par une paire de bas de soie cramoisie — une cravate en fausse dentelle et un chapeau lampion, rétapé à neuf et galonné à outrance.

Il chaussa des souliers à talons rouges, ornés sur le coude-pied de larges bouffettes de rubans jaunes.

Il attacha à son côté sa fidèle *Chatouilleuse*, et il sortit de chez le fripier —

enchanté de lui-même — plus fier qu'Artaban, et chantonnant du bout des lèvres :

> Monnaie,
> Monnaie
> Il n'est pas sans toi de bonheur !...
> Tout homme
> Te nomme
> Un vrai brevet de grand seigneur !

§

Rejoignons, s'il vous plaît, don Gusman de Tulipano qui, lui aussi, faisait peau neuve, tandis que son féal compagnon, le chevalier de La Bricole, s'adonisait ainsi que nous venons de le voir.

Don Gusman avait à la grandesse d'Espagne des droits aussi incontestables que ceux de La Bricole au titre de chevalier.

Les souches de ces deux honnêtes gens se valaient.

Tulipano s'était rendu chez le fripier,

brocanteur et recéleur qui, d'habitude, subvenait, moyennant des prix infiniment modiques, aux nécessités de sa toilette.

Tout au contraire de La Bricole, dont nous connaissons la prédilection pour les dorures, les galons et les couleurs éclatantes, Tulipano n'aimait que le noir.

Cette sombre couleur, pensait-il, allait bien à sa physionomie caractéristiquement basanée, et ajoutait à la distinction de sa personne.

Il se contenta donc de métamorphoser ses vêtements de velours blanchi, contre un autre costume, également de velours mais d'une fraîcheur moins contestable.

Il fit l'emplette d'un sombrero tout neuf, vendu par un des laquais de l'ambassade espagnole, et d'un collier de cuivre doré, enrichi de fausses pierreries et provenant de la défroque d'un comédien de la foire Saint-Laurent.

Un petit manteau noir, qui ne comptait guère plus de dix années de bons et loyaux services, se drapa élégamment sur son épaule, et, certes, jamais Hidalgo n'offrit une plus fière tournure que celle de don Gusman accoutré de cette façon, marchant la tête haute, le torse cambré, et la main droite sur la hanche.

A le voir ainsi passer, on eut dit un descendant du Cid d'Andalousie — ou quelque héritier en ligne droite de l'illustre don Quichotte de la Manche.

En ce moment Tulipano prenait au sérieux sa grandesse, et se demandait s'il ne ferait pas bien de se présenter à la cour.

XIII

Un épisode de l'histoire du Moulin de Javelle.

Le vendredi suivant, La Bricole, don Gusman et M. Grain-d'Orge — ainsi que cela avait été convenu lors de leur entrevue du mercredi soir — se rencontrèrent, vers les onze heures du matin, à la taverne du *Broc d'Argent.*

Là ils prirent un fiacre qui les conduisit au Moulin de Javelle.

Le *Moulin de Javelle!*

Bien peu de personnes, aujourd'hui connaissent ce nom et les galants souvenirs qui se rattachent à cette illustre guinguette.

Et, cependant, pendant les dernières années du dix-septième siècle, et pendant le dix-huitième tout entier, le *Moulin de Javelle* fut célèbre.

Cet établissement — moitié restaurant — moitié auberge — moitié guinguette, — n'offrait d'analogie avec rien de ce qui existe de nos jours.

Situé sur les bords de la Seine, presqu'en face de l'endroit où s'élève aujourd'hui le pont d'Iéna, le Moulin de Javelle jouissait du privilége de réunir une double clientèle.

C'étaient au Moulin de Javelle que grandes dames et galants cavaliers — jolies bourgeoises et beaux garçons — filles d'opéra et vieux seigneurs — aventurières et chevaliers d'industrie, venaient s'installer en partie fine.

C'était là aussi que se célébraient les retours de noces des petits bourgeois — des commerçants de moyen ordre, et même, parfois, du menu peuple.

Jamais endroit ne fut — plus que le Moulin de Javelle — fertile en incidents de de toutes sortes — en péripéties bacchiques ou dramatiques.

Nous ne comprenons guère qu'aucun des chroniqueurs qui sont à l'affût de tous les cadres dans lesquels se peuvent enchâsser les anecdotes un peu scandaleuses du dernier siècle, n'ait eu l'idée d'écrire les mémoires du Moulin de Javelle.

Combien de fois les bosquets et les cabinets du Moulin de Javelle n'ont-ils pas vu, le même jour et à la même heure, des couples amoureux qui ne se doutaient guère d'être aussi près les uns des autres.

Ici quelque riche traitant, en tête-à-tête avec la couturière de *madame*.

Là, *madame* elle-même, en compagnie du premier commis de *monsieur*.

Que de rencontres imprévues ! — que de parties brusquement interrompues ! — que de scènes du plus franc comique !...

Aussi la comédie s'en est-elle emparée à deux reprises.

En 1696, Florent Carton Dancourt à fait jouer une pièce sous ce titre : *le Moulin de Javelle.*

De nos jours, M. Scribe a traité le même sujet, avec un titre semblable.

Si les annales du Moulin de Javelle trouvaient un historien, le drame, plus d'une fois, s'y mêlerait aux scènes bouffonnes.

L'illustre guinguette dont il s'agit était la terre classique des enlèvements que tout semblait y favoriser, mais qui parfois aussi s'y dénouaient d'une façon sanglante.

Nous demandons à nos lecteurs la permission de placer ici un court épisode, qui ne nous semble point un hors-d'œuvre déplacé dans le livre que nous écrivons.

Nous empruntons cet épisode aux archives de la police de Paris.

§

En l'an 1741, Isidore Marteau, fils d'un marchand quincailler du quai de la Ferraille, était très passionnément épris de la belle Paule Sorbier, fille d'un fabricant de meubles de la rue des Poulies.

Les deux familles, grâce à une conduite sans reproche, et à une probité non suspecte, jouissaient dans leurs quartiers respectifs d'une considération peu commune.

Les Marteau et les Sorbier étaient riches, leur commerce prospérait de jour en jour davantage — l'union projetée avait donc rencontré de part et d'autre le plus complet assentiment, et M. le curé de Saint-Germain-l'Auxerrois, confesseur de Paule

Sorbier, avait promis de célébrer lui-même le mariage et de bénir le jeune couple.

Seulement, comme Isidore Marteau n'avait que vingt ans et demi, et comme Paule n'en avait pas encore tout à fait dix-sept, il fut décidé que la noce n'aurait lieu que six mois, jour pour jour, après le moment des accordailles.

Ces six mois devaient amener bien des incidents inattendus, dans l'intérieur jusque-là si calme et si patriarchal de la famille Sorbier.

Le fabricant de meubles avait pour apprenti, depuis un an, un jeune Languedocien, garçon actif, travailleur, d'une intelligence précoce, mais d'une moralité douteuse, et surtout d'une hypocrisie consommée.

Ce garçon, assez mauvais sujet dans le fond, était venu à bout d'inspirer la plus entière confiance à ses maîtres, par des dehors d'une régularité parfaite et d'une piété exemplaire.

Tout le jour il travaillait courageusement, mais la nuit il s'échappait de la maison et battait le pavé jusqu'au matin, en compagnie de quelques chenapans dont il avait fait ses amis.

Simon Ragon — Ainsi se nommait le Languedocien — n'avait d'autre ambition que celle de devenir habile dans sa partie, afin de pouvoir gagner beaucoup d'argent, et, avec cet argent, de se voir à même de satisfaire ses goûts de débauche.

Simon n'était point voleur — il n'aurait pas pris une pièce de quinze sous dans une caisse ouverte — mais l'appât d'une somme un peu ronde l'aurait déterminé sans peine à de graves indélicatesses.

Un jour, un grand et beau jeune homme, vêtu du costume original des paysans du Languedoc, se présenta dans la boutique des Sorbier.

Il demanda à parler à Simon Ragon, son cousin issu de germain, disait-il — auquel il apportait une lettre et des nouvelles du pays.

Le père Sorbier envoya quérir son apprenti au magasin où il travaillait.

Simon arriva.

Les deux parents se jetèrent avec effusion dans les bras l'un de l'autre et Simon emmena son cousin dans la chambre où il couchait.

Au bout d'une heure, Simon Ragon redescendit.

Il était seul et son visage offrait tous les signes d'une profonde consternation.

— Ah! mon Dieu! — s'écria le père Sorbier en voyant les yeux rouges de son apprenti — Ah! mon Dieu, mon pauvre garçon, qu'est-ce que tu as?

— J'ai bien du chagrin, allez, maître... — répondit Simon.

— Ton cousin t'a apporté de mauvaises nouvelles?

— Oui — bien mauvaises... lisez cette lettre...

Et Simon tendit au marchand de meubles un papier déployé.

Cette lettre, écrite par la mère du Languedocien, annonçait au jeune homme que son père était atteint d'une maladie sans remède, — qu'il lui restait tout au plus quelques semaines à vivre — qu'il voulait avoir son fils auprès de lui pour lui fermer les yeux — et qu'elle-même, vieille et infirme, ne pouvant vivre seule désormais, il faudrait que Simon abandonnât complétement Paris afin de se fixer auprès d'elle...

— Tu avais raison, mon pauvre garçon, c'est triste! — dit le père Sorbier après avoir achevé cette lecture, — tu n'as qu'un parti à prendre, c'est de partir le plus tôt possible...

— Ainsi ferai-je, — je me mettrai en route aujourd'hui... mais ça me brise le cœur de vous quitter comme ça, maître...

— Ça me fait pareillement beaucoup de chagrin, mon ami.... tu étais un brave garçon, et je perds en toi un bon apprenti que je remplacerai difficilement...

— Oh! quant à ceci, maître vous vous trompez...

— Comment?

— J'ai votre affaire sous la main.

— Toi?

— Moi-même.

— Un autre apprenti?

— Oui.

— Un garçon que tu connais?

— Dont je réponds comme de moi-même.

— Et, qui donc?

— Mon cousin Andoche Imbert.

— Tu ne m'avais jamais parlé de ce cousin-là!...

— Comment vous en aurais-je parlé,

puisqu'il ne fait que d'arriver à Paris...

— Est-ce que par hasard ce serait ce jeune homme qui t'a apporté la lettre de ta mère?...

— C'est lui-même.

— Un beau garçon, et qui a une bonne figure.

— N'est-ce pas?

— Ainsi, son intention est de se mettre dans les meubles?...

— Oui.

— Que sait-il faire?

— Rien.

Un sourire, qui ressemblait à une grimace, vint aux lèvres du père Sorbier.

— Rien, ce n'est pas grand'chose !... — dit-il ensuite — et des apprentis comme celui-là, j'en trouverais à la douzaine!...

— Vous croyez ça ?

— Dam! il me semble...

— C'est que vous ne savez pas tout. — Mon cousin Andoche Imbert, sachant qu'un bon maître fait toujours un bon ouvrier, se propose de vous payer une somme ronde de quinze cents livres pour ses six premiers mois d'apprentissage...

— Quinze cents livres! — s'écria le fabricant.

— Mon Dieu oui.

— Et comptant ?

— En beaux écus, dans cinq minutes.

— En effet, ceci rend la chose plus acceptable...

— Ainsi, vous consentez à prendre mon cousin ?

— Puisque tu me réponds de lui et qu'il a si envie de travailler... il le faut bien....

— Je monte le chercher, je vous le présente et, ensuite, je retourne m'occuper de mes préparatifs de départ, car je vous le répète, maître, je veux me mettre en route sur-le-champ...

Simon Ragon amena en effet Andoche Imbert qui, pour un provincial, n'avait vraiment pas l'air trop gauche et trop embarassé.

Tout s'arrangea sans difficultés.

Le fabricant toucha ses quinze cents livres et, le soir même, Andoche Imbert, admis en qualité d'apprenti, s'installait dans la mansarde de son cousin et partageait le souper de la famille Sorbier, tandis que Simon Ragon, le sac sur le dos, le bâton de voyage à la main et la larme à l'œil, quittait la maison de son ancien maître.

XIV

Le vicomte René d'Andissac.

Quelques jours avant la scène que nous venons de raconter dans le précédent chapitre — un samedi soir — Simon Ragon, après avoir tout mis en ordre dans le magasin, et clos soigneusement les portes, était remonté dans sa mansarde.

Puis, vers les onze heures, selon sa louable coutume, l'apprenti avait quitté la maison d'une façon furtive pour aller rejoindre, dans un bouge obscur et mal famé, les compagnons de ses nocturnes escapades.

Déjà la bande de vauriens avait commis une partie de ses déprédations habituelles — brisé des réverbères — arraché les marteaux des portes — effrayé les passants attardés — lorsque soudainement — au détour d'une rue, et comme ces mauvais sujets venaient de jeter une demi-douzaine de cailloux dans autant de vitres — ils se virent enveloppés par une escouade de soldats du guet qui leur attachèrent les mains derrière le dos et les conduisirent au Châtelet.

Simon était désespéré.

Cette mésaventure allait briser les cordons du masque hypocrite qu'il avait mis tant de soins à attacher sur son visage.

Son maître, le père Sorbier, apprendrait dès le lendemain quelle était la véritable conduite de son apprenti, et il le chasserait honteusement.

Il deviendrait impossible à Simon de trouver à se placer chez un autre fabricant de meubles, et son avenir serait perdu.

Pendant toute la nuit, le jeune homme versa des larmes amères qui provenaient, non du remords de ses fautes, mais du regret de s'être laissé prendre comme un maladroit.

Vers le matin ce grand désespoir se calma et une inspiration vint à Simon.

Les parents de l'apprenti étaient fermiers

d'une partie des immenses terres que la famille des comtes d'Audissac possédait dans les environs de Toulouse.

Simon avait joué bien souvent, dans son enfance, avec le vicomte Réné, qui l'honorait d'une bienveillance toute particulière, et qui n'avait guère qu'un ou deux ans de plus que lui.

Or, le vicomte Réné servait dans une des compagnies de mousquetaires et devait se trouver en ce moment à Paris.

Simon songea à se recommander à lui et à user de son influence pour se tirer de ce mauvais pas.

En conséquence, il lui écrivit une lettre suppliante, dont l'un des employés du Châtelet — alléché par la promesse d'une bonne récompense — consentit à se charger.

L'espoir de Simon ne fut pas déçu.

Les souvenirs de son pays et de son enfance vivaient toujours dans le cœur de M. d'Audissac.

Il n'eut pas plus tôt lu la lettre du fils des fermiers de sa famille — du compagnon assidu de ses jeux dans le parc du manoir paternel — qu'il vint lui-même au Châtelet.

— Eh bien! mon pauvre Simon — dit-il au prisonnier — il me semble que tu t'es jeté, comme un sot, dans une fort méchante affaire!...

— L'affaire en elle-même est peu de chose, monsieur le vicomte — répondit le jeune homme — et si vous daignez dire un mot pour moi, j'en sortirais à l'instant même et blanc comme neige...

— Voyons, que te reproche-t-on ?

— D'avoir cassé quelques réverbères, étant d'humeur joyeuse...

— Voilà tout?

— Tout, absolument.

— Il n'y a pas là, ce me semble, en effet, de quoi fouetter un chat... — Donne-moi des détails...

Simon raconta son escapade — mais sans mentionner, bien entendu, que ces méfaits étaient chez lui une habitude de chaque nuit.

— Nous te tirerons de là — dit le vicomte.

Puis il ajouta :

— Depuis combien de temps es-tu arrivé du pays?

— Depuis un an.

— Que fais-tu à Paris?

— Je travaille chez un fabricant de meubles.

— Est-il content de toi ?

— Ah! monsieur le vicomte, je le crois bien!... — Demandez-lui plutôt à lui-même... — Il est connu... c'est le père Sorbier...

— Le marchand de meubles de la rue des Poulies?... — s'écria M. d'Audissac en tressaillant.

— Lui-même.

— Le père de la belle Paule?...

— Ah! vous connaissez ma patronne, monsieur le vicomte — dit Simon en riant — le fait est que c'est une bien jolie fille... et qui ne manquerait pas d'amoureux, si elle voulait... — Mais elle ne veut pas.

— Es-tu le seul ouvrier de M. Sorbier? — reprit Réné.

— Le seul du moins qui vive dans la maison du maître et mange à sa table...

— Et tu n'es pas amoureux de mademoiselle Paule, toi?

— Oh! que nenni!... pas si bête!... — Je sais trop bien qu'un pareil morceau n'est pas fait pour un pauvre diable comme moi...

— Consentirais-tu à quitter ton maître?

— Très certainement — si je trouvais ailleurs plus d'avantages que chez lui.

Réné sembla réfléchir pendant un instant. Puis il dit :

— Ecoute — je vais tâcher de te tirer d'ici sur-le-champ, et tu me suivras à l'hôtel des Mousquetaires — j'ai à causer avec toi...

— Je serai toujours aux ordres de monsieur le vicomte — répondit Simon enchanté.

Réné s'en alla trouver qui de droit.

Il expliqua, comme il l'entendit, les faits reprochés à l'apprenti.

Il le représenta comme injustement compromis pour une faute — assez légère du reste — et qui n'était pas la sienne.

Il se porta enfin garant de sa moralité, et il répondit de sa bonne conduite à venir.

Réné appartenait à une grande famille — il était riche et mousquetaire — le moyen de lui refuser quelque chose ?

L'ordre fut donné de mettre Simon Ragon en liberté immédiate.

Le vicomte porta cette bonne nouvelle à son protégé, et, ainsi qu'il l'avait annoncé, l'emmena avec lui à l'hôtel des mousquetaires.

— Simon — lui dit-il alors — je viens de te rendre un grand service — puis-je compter sur toi?...

— A la vie, à la mort, monsieur le vicomte.

— Je suis passionnément amoureux de la belle Paule...

— Je m'en suis douté en vous voyant tressaillir quand j'ai nommé le père Sorbier...

— Que crois-tu que je puisse espérer?

— Rien. — Ma jeune patronne est une honnête fille qui ne se laisse point compter fleurette et ne reçoit pas de billets doux...

— Pour la vertu, c'est un dragon!...

— Je le savais déjà, car j'ai fait prendre

des informations nombreuses — et c'est le résultat de ces observations qui m'a empêché jusqu'à présent de rien entreprendre...

— Mais pourtant je me disais que la renommée est femme, et, par conséquent, menteuse...

— Dans la circonstance présente, elle n'exagère même pas, monsieur le vicomte.

— Je vous le répète, mademoiselle Paule est une Jeanne d'Arc... — Et d'ailleurs elle va se marier...

— Se marier!...

— Oui.

— Quand ?

— Dans six mois.

— Avec qui?

— Avec Isidore Marteau, le fils d'un riche quincailler du quai de la Ferraille.

— Le fils d'un quincailler!... Et elle l'aime?...

— Je le crois.

— Ecoute, Simon...

— J'écoute de toutes mes oreilles, monsieur le vicomte.

— Cet amour, dont je te parle, n'est pas un simple caprice... c'est une passion sérieuse et profonde...

— Tant pis!

— Cette passion me fait cruellement souffrir, et, pour l'arracher de mon cœur, j'avais résolu d'essayer de l'absence...

— Excellent parti!

— J'ai donc sollicité et obtenu un congé de semestre...

— Vous avez bien fait, monsieur le vicomte.

— Je comptais partir demain pour mes terres du Languedoc... — mais depuis que je t'ai vu, mes projets sont changés...

— Pourtant, ce que je vous ai dit, monsieur le vicomte, ne me semble guère encourageant...

— Simon, tu peux me servir...

— Auprès de mademoiselle Paule?

— Oui.

— Et en quoi, mon Dieu? — elle ne m'adresse pas la parole deux fois par jour...

— Peu importe! — tu peux m'introduire dans cette famille...

Simon regarda Réné, comme pour s'assurer que ce dernier parlait sérieusement. Puis, voyant qu'il ne sourcillait point, il s'écria:

— Vous introduire dans la famille Sorbier!... — vous, monsieur le vicomte!... y songez-vous!... — C'est tout bonnement la chose impossible que vous me demandez là!...

— Cela te paraît tel, parce que tu ne me comprends pas.

— Alors, expliquez-vous, monsieur le vicomte, expliquez-vous, je vous en prie...

— Tu m'as dit que, pour peu que tu trouvasses un avantage quelconque à prendre ce parti, tu quitterais volontiers ton maître...

— Je l'ai dit, et je le répète.

— Mille livres te sembleraient-elles un avantage suffisant?

— Ah! je le crois bien!... — Mille livres, c'est le Pérou!...

— Tu les auras.

— Alors ma fortune est faite!...

— Tu recevras d'ici à deux ou trois jours une lettre...

— De qui ?

— De ta mère.

— Ma mère !... — elle ne sait pas écrire.

— Peu importe. — Cette lettre te rappellera en Languedoc.

— Ah ! bah !

— Tu partiras sur l'heure; mais, avant de quitter Paris, tu feras agréer à M. Sorbier, pour te remplacer, ton cousin...

— Mon cousin !!!

— Oui.

— Je n'en ai pas !

— Tu en as un.

— Et lequel ?

— Andoche Imbert.

Simon baissa piteusement la tête — tout

étourdi de ces coups de massue qui frappaient, les uns après les autres, son intelligence rebelle.

Réné sourit, et continua :

— Ton cousin Andoche Imbert offrira à M. Sorbier une somme fort ronde pour l'indemniser des peines que lui donnera son apprentissage... — Il sera agréé et s'installera à ta place, dans l'intérieur de la famille Sorbier, tout auprès de la belle Paule — tandis que tu t'en iras dépenser tes mille livres où tu voudras...

Simon ne répondit pas.

— Comprends-tu ? — demanda Réné.

— Hélas ! monsieur le vicomte — répliqua le jeune ouvrier — je comprends tout... tout absolument... — excepté ce cousin dont vous me parlez, car enfin, moi, je connais ma famille, et je suis bien sûr que je n'en ai pas...

Réné se mit à rire.

Puis il répliqua, en frappant sur l'épaule de Simon :

— Ce cousin — cet Andoche Imbert, qui t'intrigue tant... — ce sera moi !

XV

Andoche Imbert.

Et voilà comment le vicomte Réné d'Audissac, au lieu de consacrer son congé de semestre à sa famille et à ses propriétés du Languedoc, allait le passer, sous le nom d'Andoche Imbert, auprès de la belle Paule Sorbier.

Une semblable rouerie — nous ne faisons nulle difficulté d'en convenir — peut fort bien ne point sembler extrêmement neuve aujourd'hui.—Les moindres vaudevillistes— les plus infimes faiseurs de *Nouvelles* — ont mieux que cela dans leur gibecière.

Mais à l'époque où se passaient les faits que nous racontons, l'invention était ingénieuse, et témoignait d'un esprit fort expert en ce qui touche aux ruses galantes.

Somme toute, l'idée était bonne, puisqu'elle avait réussi ! — Le loup était dans la bergerie, et il se promettait bien de croquer, sans nul retard, la pauvre brebis qui ne songeait point à se défier, ni, par conséquent, à se défendre.

§

Si l'anecdote historique que nous rapportons ici était le sujet même de ce livre, au lieu de n'en être qu'un épisode — nous aurions à tracer un curieux tableau de l'intérieur de la famille Sorbier.

Nous montrerions ce gentilhomme — ce grand seigneur — ce mousquetaire — caché sous l'enveloppe modeste d'un pauvre ouvrier, et se ployant avec une merveilleuse souplesse et un esprit diabolique à toutes les exigences de la situation qu'il avait acceptée.

Andoche Imbert — puisque c'est ainsi que nous devons le désigner — faisait preuve, en sa qualité d'apprenti, de la plus invraisemblable maladresse.

Il déployait une admirable bonne volonté, et cependant les leçons, les conseils, les démonstrations du fabricant de meubles ne lui faisaient pas faire le moindre progrès dans son métier.

Ceci aurait dû, ce nous semble, décourager et dégoûter le père Sorbier, qui appréciait, avant toute chose, l'habileté manuelle de ses ouvriers.

Eh bien! pas du tout. — Le contraire de ce à quoi on devait s'attendre arrivait.

Andoche Imbert prenait, peu à peu, sur le digne marchand et sur sa femme, un empire absolu.

Le père Sorbier ne se plaisait qu'en sa compagnie et riait à gorge déployée pendant des heures entières, en écoutant ses bons mots et en l'entendant chanter, avec un accent inimitable, les chansons comiques du Languedoc.

Andoche Imbert avait toujours en réserve

quelque compliment délicat, à l'adresse de madame Sorbier, qui avait été très belle, et qui, malgré ses cinquante printemps, conservait encore une fort agréable dose de coquetterie.

Une seule personne, dans cette famille, semblait se soustraire à l'influence de l'apprenti.

C'était Paule.

La jeune fille était pour lui ce qu'elle avait été pour son prédécesseur Simon Ragon — c'est-à-dire froide — indifférente, presque dédaigneuse.

Vainement le jeune homme s'efforçait de l'enlacer dans le réseau, habilement dissimulé, de ses rouéries, de ses regards furtifs, de ses paroles dorées, de ses demi-mots suspendus, plus significatifs par l'accent que par l'expression.

Tous ces frais étaient en pure perte, — Paule ne s'apercevait même pas des efforts infructueux tentés pour lui plaire.

Elle ignorait qu'Andoche Imbert fut plus beau garçon que Simon Ragon — il était pour elle l'apprenti de son père, et un apprenti maladroit — pas autre chose.

Ceci est tout simple, d'ailleurs, et facilement explicable.

Paule — nous l'avons dit — était à la fois pieuse et chaste.

Mais la piété et la chasteté sont parfois des armures insuffisantes.

La plus invincible égide — le seul inébranlable talisman contre la séduction, c'est l'amour — et cette égide, ce talisman, Paule les possédait, nous le savons.

Elle aimait Isidore Marteau — non point peut-être d'un amour impétueux et exalté, mais d'une vive et douce tendresse de fiancée, — elle lui avait donné son âme, et elle songeait, avec un élan de joie pure, au moment, de jour en jour plus prochain, où elle lui appartiendrait tout entière, devant Dieu et devant les hommes.

Quatre mois se passèrent ainsi.

Au bout de ces quatre mois, le vicomte Réné d'Audissac n'avait ni fait un pas ni gagné un pouce de terrain.

En un mot il n'était pas plus avancé que le jour où il s'était impatronisé, sous le pseudonyme d'Andoche Imbert, dans la famille du marchand de meubles.

Rien ne se pouvait imaginer de plus humiliant pour l'amour-propre du jeune roué.

Vivre pendant quatre mois dans l'intimité d'une fille de seize ans — lui parler librement à toute heure du jour — sans pouvoir, nouveau Pygmalion, faire jaillir l'éclair de la vie et de l'amour dans le marbre de cette Galatée insensible !!! — c'était à donner sa démission d'homme à bonnes fortunes et à cacher pour jamais son front humilié sous quelque cagoule de moine !...

A force de chercher des explications vraisemblables pour cette inconcevable défaite, Réné en arriva à se persuader que Paule était une bourgeoise orgueilleuse et vaine, et que, si elle s'obstinait à fermer les yeux sur un amour aussi manifeste que le sien, ce n'était point lui qu'elle dédaignait, mais son humble condition d'apprenti.

Le jour où cette idée se présenta au vicomte, il l'accueillit avec transport et se persuada que la victoire était désormais assurée.

— Ah! belle Paule!... — s'écria-t-il en lui-même — c'est la vanité bourgeoise qui vous détourne ainsi de moi!... eh bien! c'est par la vanité que je triompherai de vous!... — le masque prolétaire de l'ouvrier blesse vos yeux!... — ce masque va tomber, et nous verrons si vous résisterez à l'amour du gentilhomme!

Cette résolution prise, le plan du vicomte fut bientôt tracé, et il n'attendit plus qu'une bonne occasion pour l'exécuter.

Cette occasion ne se fit pas attendre.

Un après-midi, que madame Sorbier était allée visiter quelqu'une de ses parentes dans le faubourg Saint-Antoine, le marchand de meubles fut obligé de sortir à l'improviste pour des affaires de son commerce.

Réné restait donc seul à la maison avec Paule.

Le gentilhomme se fit alors connaître à la jeune fille — il lui confessa la ruse qu'il avait mise en œuvre pour se rapprocher d'elle — il lui parla de son amour en des termes brûlants et avec cette éloquence facile et communicative dont il avait le secret et l'habitude — il tomba à genoux devant elle, en la suppliant de ne le point désespérer plus longtemps par sa froideur, et de payer enfin de retour une flamme si constante et si parfaite.

Paule écouta cette longue déclaration sans donner le moindre signe de colère.

Son silence et les battements précipités de son cœur témoignaient seuls de son étonnement et de son émotion.

Réné voulut saisir sa main et la couvrir de baisers de feu.

Paule retira doucement cette main et répondit simplement, du ton le plus calme, mais le plus ferme :

— Je croyais, monsieur, que vous saviez que je ne m'appartenais plus,— que j'étais la fiancée d'un brave et digne jeune homme, Isidore Marteau que vous connaissez...

— Oui, certes, je le savais !... — s'écria le vicomte — et c'est parce que je connais l'indigne rival que m'a donné le hasard, que je ne puis souffrir de vous voir ainsi sacrifiée !... — vous, mademoiselle, la merveille la plus complète qui se puisse trouver sous le ciel, vous n'êtes point faite pour végéter dans une condition obscure!... — aux diamants il faut la lumière!... vous êtes née pour briller au premier rang, et vous y brillerez...

— Et comment cela, monsieur, je vous prie? — demanda Paule.

Le jeune roué pensa que le moment était venu de frapper un coup décisif.

Aussi répondit-il sans hésitation:

— Moi, Réné, vicomte d'Audissac, mousquetaire de Sa Majesté le roi, j'ai l'honneur de vous demander si vous consentez à devenir ma femme !...

En prononçant ces paroles — en faisant à la jeune fille cette offre solennelle — le vicomte était-il de bonne foi?

Nous ne le croyons guère.

Sans doute, par une restriction machiavélique, il se proposait de revenir en arrière par des sentiers ténébreux, alors qu'il aurait obtenu ce que, sans doute, on ne pourrait point refuser à un amour aussi éclatant et aussi *prouvé* que le sien.

Paule ne sembla que médiocrement surprise de ce qu'elle venait d'entendre.

Elle fit à Réné une révérence gracieuse et simple, et elle répliqua, d'un ton toujours calme et posé :

— Monsieur le vicomte, votre demande honore plus que je ne saurais le dire une pauvre fille comme moi, et j'en suis reconnaissante au-delà de toute expression, car elle témoigne d'une haute estime... — Je vous demande la permission de réfléchir, avant de vous rendre une réponse dont vous comprenez l'importance...

— Et, cette réponse... — s'écria Réné — l'aurai-je bientôt?

— Oui, monsieur le vicomte, bientôt...

Réné allait sans doute insister.

Mais, en ce moment, le père de Paule rentrait au logis et sa présence coupa court à l'entretien.

XVI

Le souper des Mousquetaires.

Si, dans les pages qui précèdent, nous avons su mettre en lumière quelques-uns des traits saillants du caractère de la belle Paule Sorbier, nos lecteurs ont dû comprendre que cette jeune fille jouissait d'un bon sens et d'une raison bien rares, d'habitude, à son âge.

La déclaration du vicomte et ses offres éblouissantes n'avaient pas éveillé en elle un seul mouvement de vanité féminine.

La pensée qu'il ne tenait peut-être qu'à elle de devenir une grande dame, n'avait point ébranlé pendant une seconde sa chaste tendresse pour le fils du quincailler du quai de la Ferraille.

Aucune hésitation ne se manifestait dans son âme — elle ne se disait même point qu'elle allait faire à Isidore Marteau un grand sacrifice.

Le chemin qu'elle avait à suivre lui apparaissait tout tracé, et elle ne songeait pas à s'en écarter — elle se demandait seulement de quelle façon il fallait s'y prendre pour sortir de la situation embarrassante dans laquelle elle se trouvait placée.

Il ne fallait point songer à dire à son père ou à son fiancé un seul mot de ce qui se passait.

Dans l'un comme dans l'autre cas, une révélation pouvait amener un éclat fâcheux et c'est ce que Paule voulait éviter par-dessus tout.

Comment donc faire ?

Dans sa perplexité, la jeune fille demanda à Dieu de venir à son aide et de l'éclairer.

Dieu l'éclaira en effet, en lui envoyant une inspiration soudaine.

— Maman — dit Paule à sa mère, aussitôt que la digne femme fut rentrée — prenez, je vous en prie, votre mante, et venez avec moi...

— Où donc, mon enfant?

— A l'église de Saint-Germain-l'Auxerrois.

— Et qu'y veux-tu faire? — ce n'est aujourd'hui, ce me semble, ni dimanche, ni jour de fête...

— Je souhaiterais parler à M. le curé de la paroisse qui est, comme vous le savez, mon confesseur...

Madame Sorbier ne répliqua pas un mot, et accompagna sa fille à l'église.

Paule pria le vénérable prêtre de l'entendre au tribunal de la pénitence.

Là, elle lui raconta tout, et elle le supplia d'intervenir afin de la tirer de l'immense embarras dans lequel elle se trouvait.

Aussitôt après avoir reçu cette confidence, le prêtre se rendit à l'hôtel des mousquetaires gris, et demanda à parler au marquis de Hochedieu, capitaine-lieutenant de la compagnie dans laquelle servait le vicomte Réné d'Audissac.

En quelques mots il exposa au vieux soldat les faits qui motivaient sa visite, et il lui demanda d'employer tous les moyens pour éviter un scandale imminent.

Le marquis de Hochedieu tordit sa moustache blanche en souriant, et répondit qu'il allait faire droit sans retard à une requête aussi légitime.

Une heure après, un mousquetaire vêtu en bourgeois se présentait au domicile de la famille Sorbier, et remettait à l'apprenti, Andoche Imbert, une lettre scellée d'un large cachet de cire rouge.

Paule passa auprès de Réné, au moment

où il allait ouvrir cette lettre, et, en passant, lui dit tout bas :

— C'est ma réponse...

Le vicomte, surpris au-delà de toute expression, brisa vivement le cachet.

La missive entièrement écrite de la main du capitaine-lieutenant, lui annonçait que les deux derniers mois de son congé de semestre étaient supprimés, et lui enjoignait de se rendre sur-le-champ à l'hôtel des mousquetaires, pour y prendre et y garder les arrêts pendant quinze jours.

L'ordre était précis — formel — il ne fallait point songer à une désobéissance impossible.

Réné — humilié — mortifié — furieux — fit contre fortune bon cœur, et dissimula de son mieux la rage secrète qui le dévorait.

Il annonça au père Sorbier qu'un événement imprévu l'obligeait à quitter Paris sur-le-champ — il fit à la belle Paule d'ironiques adieux, et il quitta ce logis, — où il avait espéré apporter le déshonneur — en se promettant bien à lui-même de prendre, tôt ou tard, une revanche éclatante de sa déconvenue.

§

Le soir de ce même jour, le curé de Saint-Germain-l'Auxerrois vint rendre visite à la famille Sorbier.

Il prit à part les parents de Paule, et il leur donna de si bonnes raisons pour les engager à presser le mariage de leur fille, qu'il fut décidé, séance tenante, que les noces, au lieu d'être reculées pendant deux ou trois mois encore, seraient célébrées au bout de trois semaines.

Cependant quinze jours s'écoulèrent.

Le marquis de Hochedieu leva les arrêts de Réné, après l'avoir fait venir devant lui et l'avoir fortement engagé à montrer, à l'avenir, plus de bon sens et d'esprit de conduite.

Réné — afin de célébrer sa délivrance, et aussi dans un autre but que nous connaîtrons bientôt — invita une vingtaine de ses camarades à un grand dîner, pour le jour même.

Le repas eut lieu, à l'enseigne du *Charriot d'Or*, rue Saint-Honoré, chez un fameux *traiteur* dont nous avons déjà bien souvent parlé dans d'autres ouvrages.

Les mets furent exquis — les vins choisis et généreux circulèrent abondamment.

Bientôt la plus folle gaîté se manifesta.

Au moment où le dessert apparut sur la table Réné était le seul, parmi tous ces jeunes gens, qui eût complètement conservé son sangfroid.

— Messieurs — dit-il, en se levant — je réclame de vous un moment de silence et d'attention pour une communication de la plus haute importance...

Malgré l'ébriosité croissante des convives, tout bruit cessa comme par enchantement.

Réné s'inclina, pour remercier ses camarades, puis il reprit :

— Un gentilhomme, que vous connaissez tous — un mousquetaire de notre compagnie — vient de recevoir une de ces injures qui ne se pardonnent pas! — vient d'être couvert d'un de ces ridicules qui ne s'effacent jamais, parce qu'on ne peut point les laver dans le sang!... — l'insulteur est une femme! — le mousquetaire dont je vous parle vient d'être roué, dindonné, berné, turlupiné par une jeune fille!...

— Allons donc!... — s'écrièrent quelques voix — quelle histoire de l'autre monde nous fais-tu là, vicomte?...

— C'est invraisemblable!...

— Absurde!...

— Impossible!...

Réné attendit que ces rumeurs se fussent un peu calmées, ce qui ne tarda guère — puis il poursuivit :

— Invraisemblable, soit! — absurde, j'y

consens ! — impossible, je ne le nie pas !...

— A tout ceci, messieurs, je n'ai qu'un seul mot à répondre : — Le gentilhomme en question, c'est moi !...

Un véritable brouhaha succéda à ces paroles.

Des interjections et des exclamations bruyantes se croisèrent et s'entrechoquèrent de tous les côtés de la salle.

— Toi !... vicomte !...

— Roué !...

— Dindonné !...

— Berné !...

— Turlupiné !...

— Et par une jeune fille encore !...

— Puisque tu nous l'affirmes, nous le croyons ; mais c'est fort !...

— Et — si tout autre que toi nous le disait

— nos épées auraient déjà pris l'air, pour l'honneur de la compagnie en général et pour le tien en particulier!...

— Veuillez, messieurs, je vous en prie, m'écouter jusqu'au bout — continua Réné.

— Chut!... chut!... — silence!... silence!...

Le vicomte fit alors un récit détaillé de tous les incidents que connaissent nos lecteurs — depuis le jour où il avait tiré Simon Ragon du Châtelet et où il avait pris sa place dans l'intérieur de la famille Sorbier, jusqu'au moment où la belle Paule avait traîtreusement répondu à l'aveu de son amour et à l'offre de sa main par la lettre impérative du capitaine-lieutenant des mousquetaires gris.

— Ce n'est pas tout — ajouta Réné en terminant — j'ai appris hier que le mariage de Paule Sorbier vient d'être avancé et que, dans huit jours, cette fille, à qui j'avais fait l'insigne honneur de la remarquer, épousera cet Isidore Marteau — ce boutiquier vil — ce croquant, dont le nom m'écorche la bouche!...

Je vous le demande, puis-je accepter de sangfroid une situation semblable, doublement humiliante, doublement intolérable pour mon orgueil et pour mon amour?... — Oui, mon amour; car, cette fille, je l'aime encore, malgré son indigne conduite envers moi!... — Puis-je la voir passer dans les bras d'un rival?... et quel rival?... — Si seulement ce malheureux était à moitié gentilhomme — si piètre et si douteuse que fût sa noblesse je réglerais cette affaire avec lui, sur le terrain, et l'épée à la main!... — Mais il est de ces gens qu'on ne peut châtier qu'à coups de canne!...

— Ainsi, vous le voyez, tout m'échappe, même la vengeance — car je ne puis me venger sur personne!... — Que faire donc ? — Vous êtes mes amis!... — l'honneur de la compagnie est compromis dans ma personne!... — venez à mon aide!... — soutenez-moi de vos conseils!... — faites enfin pour moi ce que je ferais pour chacun de vous, si, ce qu'à Dieu ne plaise, vous vous trouviez dans une position semblable!...

Le vicomte se tut.

— Oui!... oui!... — s'écrièrent les mousquetaires d'une commune voix — ton affaire est la nôtre!... — nous prenons pour toi fait et cause — nous te soutiendrons — nous te vengerons!...

— Mais, comment? — demanda Réné.

— Cela me semble fort simple — répondit le baron de Chantocé, l'une des fortes têtes de la compagnie — il faut, pour expier les dédains injurieux et la déloyauté de cette péronelle bourgeoise, il faut qu'elle t'appartienne, et je te la promets...

—Chantocé, mon ami — s'écria le vicomte — songes-tu bien à ce que tu dis?...

— J'y songe, et je suis sûr de mon fait.

— Mais, enfin, quel est ton plan?

— Il n'est pas encore suffisamment développé dans mon cerveau pour que je le mette au grand jour — mais, encore une fois, compte sur moi et sur nous tous... — Le mariage de ton infante doit se célébrer dans huit jours?

— Oui.

— Eh bien! avant huit jours, je l'affirme, la fiancée du boutiquier sera la maîtresse du mousquetaire!... — Trop heureuse victime, elle ne perdra point au change et ne sera guère punie!...

— Si pourtant cet espoir que tu me donnes allait être déçu!...

— Sois sans crainte, je réponds de tout...
— Seulement, il est une chose importante — je dirai plus — indispensable...

— Laquelle?

— C'est que le plus profond secret soit gardé par nous tous sur ce qui s'est passé ce soir à ce souper... — Il ne faut pas que le capitaine-lieutenant puisse avoir vent de nos projets et les contre-carrer en nous mettant tous aux arrêts... — Si un seul mot indiscret est prononcé, tout est perdu!...

— Nous serons muets ! — répondit Réné.

— Muets comme la tombe ! — s'écrièrent tous les jeunes gens — nous le jurons !... nous le jurons !...

Après ce serment solennel, les libations, un instant interrompues, recommencèrent de plus belle.

Au bout d'une heure, les mousquetaires — y compris le vicomte Réné — méritaient deux fois leur nom.

Ceci veut dire qu'ils étaient doublement *gris* et roulaient sous la table avec une émulation touchante.

XVII

Un dénouement de drame pour une comédie.

Pendant les quelques jours qui suivirent le souper offert aux mousquetaires par le vicomte Réné d'Audissac, M. de Chantocé s'occupa sans relâche de combiner le plan duquel il attendait le plus complet succès.

— Ces bourgeois — dit-il à Réné — ont pour habitude de se divertir bruyamment un jour de mariage — il me faut savoir en quel endroit auront lieu le repas de noce et le bal...

Réné remit aussitôt en campagne un espion habile, par lequel il se tenait au courant de ce qui se passait dans la famille Sorbier.

Dès le lendemain, il put apprendre à M. de Chantocé que le classique Moulin de Javelle serait le lieu choisi pour y festoyer après la cérémonie nuptiale...

— A merveille! — répliqua le baron — préviens nos amis, mon cher vicomte, que je leur donne à souper, ce soir, au *Chariot d'Or*, et que là je leur expliquerai mes projets.

Tous brûlaient d'apprendre les détails de la piquante aventure qui se préparait, et dans laquelle ils espéraient bien avoir des rôles.

De même qu'au souper précédent, il ne fut question de rien jusqu'au dessert.

Mais, quand le vin de Champagne parut sur la table avec les fruits et les pâtes sucrées, M. de Chantocé se leva et réclama l'attention générale qui — comme bien on pense — ne lui fit pas défaut.

— Mes chers camarades — dit-il — j'ai pris l'engagement, vis-à-vis de nous tous, l'autre soir, de venger l'honneur de l'un des nôtres, et de mettre notre ami à même d'exercer de justes représailles vis-à-vis d'une grisette, dont il sera de bon goût, je pense, de ne point qualifier la conduite...

» Ce que j'ai promis, je le tiendrai...

» Lundi matin — c'est-à-dire dans trois jours — la belle Paule Sorbier épouse le quincailler Isidore Marteau. — Lundi soir nous aurons enlevé Paule Sorbier, à la barbe de son bénêt de mari, et nous l'aurons mise dans les bras du vicomte Réné d'Audissac...

— Bravo! bravo! — s'écrièrent les mousquetaires. — Chantocé est l'honneur de notre compagnie!...

Le baron salua avec une modestie feinte, et reprit :

— Le succès est sûr — voici par quel moyen nous l'atteindrons :

» C'est au Moulin de Javelle que doit avoir lieu le retour de noce.

» Dès la veille, l'un d'entre nous, en habit de ville, ira retenir une partie de l'hôtellerie, et commandera un grand repas pour le mariage d'un de ses cousins.

» Le lendemain — en même temps que la noce Marteau — nous arriverons en deux ou trois bandes.

» La maîtresse de l'un de vous — correctement vêtue de blanc, et prenant, pour la circonstance, un air modestement virginal et le bouquet de fleurs d'oranger de rigueur — jouera le rôle de la nouvelle mariée.

» Quelques-uns d'entre nous — parmi lesquels se trouvera Réné — seront masqués et revêtus d'habits de caractère, sous lesquels ils cacheront leurs épées.

» Les autres porteront le costume des jours de fête des artisans et des bourgeois.

» Grâce à ces déguisements et à ces précautions, il est absolument impossible que le moindre soupçon puisse naître.

» Une voiture sera là, tout près — un vieux fiacre, de mine délâbrée, mais attelé d'excellents chevaux, et conduit par un de nos gens.

» Nous nous mêlerons aux conviés de la véritable noce — nous causerons — nous rirons — nous badinerons avec ces manants — puis, à un signal donné, nous entourerons la belle Paule, et quatre mousquetaires la porteront jusqu'au fiacre, tandis que le reste de notre bande mettra, s'il le faut, l'épée à la main pour couvrir la retraite des ravisseurs...

» Dans le carrosse numéroté Paule aura trouvé le vicomte.

» La belle prude criera peut-être —

pleurera sans doute — ira même jusqu'à l'évanouissement (vous voyez que je mets les choses au pis) — puis elle finira par se consoler. — Aux larmes succèderont les sourires — la patte de velours de la chatte remplacera la griffe acérée de la tigresse — et l'intéressante mariée comprendra, avec des soupirs de bonheur, qu'un mousquetaire vaut mieux que dix croquants!...

» Voilà mon plan dans sa simplicité.

» Certes, il ne fallait pas de bien grands efforts d'imagination pour le concevoir, mais enfin, tel qu'il est, je le soumets à vos lumières, messieurs, — qu'en pensez-vous?

L'exposé succint et lumineux du baron de Chantocé fut accueilli par un *enthousiasme impossible à décrire* (pour parler comme les comptes-rendus politiques du *Moniteur*, et comme les feuilletons de théâtre des journaux petits et grands.

Volontiers aurait-on porté le mousquetaire en triomphe.

Quelques-uns des plus chaleureux en firent la motion — mais le baron eut la modestie de se soustraire à cette ovation trop hâtive.

Pas une seule voix ne s'éleva pour formuler une objection.

Cette jeunesse indisciplinée et folle — habituée, dès l'enfance, à se regarder comme étant d'une trempe bien supérieure à celle des bourgeois, vilains et manants, taillables et corvéables à merci — accueillit l'idée du rapt avec une joie bruyante et sans bornes, et se promit d'y coopérer de tout son pouvoir.

Il ne restait plus à régler que quelques détails d'exécution.

On consacra à ces détails les deux jours qui devaient s'écouler avant le mariage.

§

Enfin le lundi arriva.

Tout était prêt.

Les mousquetaires — les uns en habit de ville — les autres déguisés et masqués — avaient envahi, dès le matin, le Moulin de Javelle, en compagnie d'une demi-douzaine de filles d'opéra qui représentaient la mariée et sa famille.

Le fiacre attendait — un vieux fiacre démantelé — attelé de deux chevaux barbes, d'une incomparable vitesse, et qui semblaient indignés du harnais vulgaire qui souillait de son contact leur robe brillante et soyeuse.

La journée était magnifique.

Le soleil, radieux, brillait dans un firmament sans nuages — la Seine roulait, entre ses rives gazonnées, ses ondes paisibles, aussi bleues, aussi transparentes que le ciel bleu qu'elles reflétaient.

Les alentours du Moulin de Javelle regorgeaient de monde.

Les guinguettes disséminées autour de l'hôtellerie principale — comme les satellites aux côtés d'un astre, — ne suffisaient qu'à peine à contenir une population inaccoutumée de joyeux compagnons.

Voici quelle était la cause de cette affluence :

Deux noces — l'une, de la fille de la mère des compagnons serruriers avec un maître maçon — l'autre, d'un gros marinier d'eau douce avec une mercière du faubourg Saint-Marceau, avaient amené au Moulin de Javelle, et dans ses environs, ce jour-là, une multitude de jeunes et vigoureux ouvriers — des forgerons — des pêcheurs — des scieurs de long — des tailleurs de pierre.

Tout ce monde riait — buvait — se réjouissait à qui mieux mieux.

Les moûsquetaires attendaient avec impatience.

Enfin midi sonna.

On vit alors arriver — en quatre *carrossées* — la noce d'Isidore Marteau et de la belle Paule Sorbier.

Les amis et les parents avaient peine à tenir dans les quatre fiacres énormes qui contenaient chacun huit personnes.

Deux heures auparavant, le bon curé de Saint-Germain-l'Auxerrois avait donné la bénédiction nuptiale aux jeunes époux.

Paule descendit de voiture au milieu d'une foule compacte accourue pour la voir — car la réputation de sa beauté était populaire parmi les petites gens de Paris.

Elle apparut, vêtue de blanc, et si radieuse, si modeste, si éblouissante, qu'un frémissement d'admiration s'éleva sur son passage.

Isidore Marteau — portant un énorme

bouquet à sa boutonnière — suivait sa femme pas à pas.

Le brave jeune homme était rouge comme la crête d'un coq, et semblait tout gonflé de son bonheur.

Le vicomte d'Audissac, qui se trouvait auprès de la porte du Moulin de Javelle, à côté du baron de Chantocé, pâlit sous son masque, et, prenant la main de son ami, il la serra convulsivement.

— Ah! le fait est — murmura le baron à l'oreille de Réné — qu'elle est belle à rendre fou!... — mordieu! pour cette créature-là, on se ferait rompre les os!...

— N'est-ce pas? — répliqua Réné à voix basse.

— Heureux coquin!... dans quelques heures toute cette beauté t'appartiendra!... — franchement, je voudrais être à ta place!...

— Si, par malheur, nous allions échouer!... — reprit le vicomte.

— Allons donc! c'est impossible!... — toutes mes mesures sont prises et bien prises!... — Tiens-toi donc l'esprit en repos...

De part et d'autre on dîna joyeusement, et surtout longuement.

Mais, si long que soit un repas, il faut toujours, pourtant, qu'il s'achève.

Les conviés de la noce Marteau vidèrent leurs dernières rasades à la santé des nouveaux époux — puis le bal commença, dans la plus vaste pièce du Moulin de Javelle.

Aussitôt que les danses furent en train, les mousquetaires se mêlèrent peu à peu aux bourgeois.

On s'étonna bien, d'abord, du nombre toujours croissant des masques qui se présentaient, mais l'idée ne vint à personne de s'en effrayer — d'ailleurs, à cette époque, les déguisements étaient de mise, même en plein jour et hors du temps de carnaval.

Et puis, ces nouveaux venus, richement et bizarrement accoutrés, étaient gais, spirituels, et bientôt ils amusèrent singulièrement les convives d'Isidore Marteau.

Réné portait un costume d'Arménien,

d'une splendeur incroyable. — Sous ce déguisement, l'élégance de sa taille ressortait à merveille.

Il osa s'approcher de la belle Paule et solliciter d'elle un menuet.

La jeune fille consentit à danser avec lui.

C'était le moment que le baron de Chantocé attendait.

A peine les deux violons et le flageolet qui composaient l'orchestre venaient-ils de préluder, que le baron frappa trois coups dans sa main.

A ce signal convenu, Réné — que quatre

mousquetaires entourèrent aussitôt — prit Paule dans ses bras et s'élança du côté de la porte.

En même temps une vingtaine des complices du rapt formèrent une barrière vivante entre les ravisseurs et les gens de la noce.

Alors commença une scène plus facile à comprendre qu'à décrire.

Isidore Marteau et le père Sorbier — furieux, désespérés, la tête perdue — se précipitèrent, soutenus par tous leurs parents et leurs amis, contre les mousquetaires.

Mais ceux-ci résistèrent à ce choc auquel ils s'attendaient.

Les bourgeois reculèrent — mais pour revenir aussitôt à la charge.

Ils s'étaient fait des armes de tout — des chaises — des tables — des banquettes brisées.

Les mousquetaires mirent l'épée à la main.

La mêlée devint horrible — le sang coula de part et d'autre.

Cependant Réné et les autres ravisseurs de la jeune femme se retiraient sans rencontrer le moindre obstacle.

Paule étant évanouie ne pouvait appeler au secours.

La malheureuse enfant était presque perdue — quelques secondes encore et elle serait dans le fiacre, par conséquent à la merci du mousquetaire.

Isidore Marteau comprit l'imminence du péril.

Sortir par la porte était impossible — il ouvrit la fenêtre, et, au risque de se briser dans sa chute, il se précipita de la hauteur du premier étage.

Paule, inanimée, était à cent pas de lui, dans les bras des mousquetaires qui l'emportaient, mais dont ce léger fardeau ralentissait un peu la marche.

— A l'aide — cria Isidore de toute la

force de son désespoir — à l'aide!... — on enlève une femme! — ouvriers et bourgeois, au secours et sus aux gentilshommes!...

Ce cri produisit un effet magique.

De toutes les guinguettes, de tous les cabarets sortirent, à l'instant même, ces ouvriers nombreux dont nous avons parlé — brandissant des bâtons — des bancs — des escabelles et jusqu'à des broches.

Ils se ruèrent sur Réné et sur les quatre mousquetaires qui formaient un rempart autour de lui et qui, vainement, firent reluire au soleil l'acier de leurs épées.

En une seconde les fines lames volèrent

en éclats sous le choc impétueux des bâtons.

Les mousquetaires étaient braves comme des lions.

Ils firent des prodiges — dignes d'une meilleure cause — mais la vaillance dut céder au nombre.

Entourés, pressés, écrasés,— il leur fallut battre en retraite — laissant aux mains des assaillants des lambeaux de leurs vêtements et arrosant le gazon du sang qui coulait de leurs nombreuses blessures.

Un seul tint bon contre la foule incessamment accrue.

C'était Réné.

D'un bras il soutenait le corps inanimé de la belle Paule — de l'autre main il se défendait avec le tronçon de son épée.

Cette lutte inégale et terrible dura plusieurs minutes.

Pendant ce temps, le gentilhomme — héroïque dans son action infâme — tint les agresseurs en échec.

Les mousquetaires que nous avons laissés, luttant corps à corps avec les bourgeois dans la salle du premier-étage, entendirent les cris de mort de la multitude et firent une sortie.

Peut-être allaient-ils dégager Réné.

Mais un coup de bâton, frappé par derrière sur la tête du jeune homme, termina le combat avant que le secours ne fut arrivé.

Réné tomba.

Paule fut enlevée à ses bras raidis et rendue à son mari et à son père.

Les mousquetaires — voyant que désormais leur entreprise était manquée, et peu désireux de se faire assommer — se retirèrent en bon ordre, au milieu des huées haineuses et triomphantes des bourgeois et des ouvriers.

C'est alors que le masque de l'Arménien fut arraché et que le père Sorbier reconnut — et Dieu sait avec quelle surprise! — les traits de son ex-apprenti Andoche Imbert.

Le vicomte Réné d'Audissac était mort!...

§

Tel fut le tragique dénouement d'un épisode de l'histoire du Moulin de Javelle.

La famille du vicomte voulut poursuivre les meurtriers, mais le marquis de Hochedieu connaissait la vérité tout entière et il engagea les parents de la victime, dans l'intérêt de leur honneur, à assoupir cette déplorable affaire.

Le renvoi de plusieurs des mousquetaires dans leur famille fut décrété, et M. de Marville, lieutenant de police, rendit une ordonnance à laquelle le Parlement donna sa sanction et qui interdissait à tous individus deguisés et masqués, de se présenter à l'avenir dans les bals et les repas de noces.

La date de cette ordonnance est du 24 octobre 1741.

XVIII

Les époux Gélinotte.

Nous avons laissé trois des plus honorables personnages de cette histoire, le chevalier de La Bricole, don Gusman de Tulipano et Grain-d'Orge, en train de se rendre au Moulin de Javelle, dans le but d'étudier les lieux et de prendre leurs dispositions pour l'enlèvement projeté de Nanette Lollier.

Rejoignons-les, sous la tonnelle verdoyante où, après avoir achevé leur reconnaissance, ils venaient de s'attabler devant un plat copieux de côtelettes de mouton, aux cornichons, — et devant une véritable montagne de goujons frits.

Depuis cette tonnelle ils pouvaient voir et entendre tout ce qui se passait en face de la porte et dans le jardin, divisé en une multitude de cabinets par des charmilles taillées artistement comme de frêles murailles de verdure.

Leur poste d'observation était excellent.

— Restons donc avec eux — en bien mauvaise compagnie, hélas! — et après avoir raconté à nos lecteurs un des plus dramatiques épisodes du Moulin de Javelle, faisons-les assister à quelqu'une de ces scènes comiques dont la guinguette à la mode était chaque jour le théâtre.

Si ce que nous allons mettre sous leurs yeux ressemble à un vaudeville, ce ne sera pas notre faute.

Le propriétaire du Moulin de Javelle s'appelait Thomas Gélinotte.

C'était un petit homme, rond comme une boule, à trogne rubiconde et bourgeonnée, — fort en train de faire sa fortune, et songeant à se retirer prochainement avec une douzaine de bonnes milles livres de rentes.

Sa femme, madame Gélinotte, avait quarante ans bientôt — elle ne paraissait pas son âge, et, à la voir si bien corsée — si pimpante — si leste — si coquette encore — on ne lui aurait pas donné beaucoup plus de trente-quatre à trente-cinq ans.

Gélinotte n'était pas jaloux et ne l'avait jamais été. — Sa femme — disait-on — ne s'était point fait faute, dans le temps, de profiter, un peu plus que de raison, de cette confiance bénévole de son époux, — qui n'avait rien vu — ou n'avait rien voulu voir.

Décidément c'était un homme d'esprit que l'hôte du Moulin de Javelle !...

Madame Gélinotte parut sur le seuil.

Elle avait un corsage cerise — une jupe de toile peinte à grandes fleurs — les bras nus — un ruban de velours autour du cou — un bonnet de dentelles — une demi-douzaine d'accroche-cœurs, et de jolies petites mules surchargées de rosettes couleur de feu.

— Eh! Marinette! — cria-t-elle — Marinette!... — Marinette!... où donc êtes-vous, petite fille...

— Me voici, ma tante, — répondit une voix fraîche, — et, du fond du jardin, la nièce de madame Gélinotte, jolie brune de quatorze ou quinze ans, accourut en sautillant.

— Qu'est-ce que vous faisiez donc là-bas? — demanda l'hôtesse.

— Je portais du vin blanc à ces amoureux qui mangent un petit brochet et de la salade.

— Et, au lieu de revenir bien vite, vous vous cachiez derrière la charmille pour écouter ce qu'ils disaient, j'en suis sûre...

— Dam! ma tante, c'est en écoutant qu'on profite! — il faut bien se former l'esprit, et moi j'aime tant à m'instruire!...

Madame Gélinotte se mit à rire.

— Vous en savez assez long — dit-elle.

— Oh! ma tante — répliqua Marinette

avec une révérence comique — il s'en faut encore de beaucoup que je sois savante comme vous!...

— Ce n'est pas de cela qu'il s'agit.

— Est-ce que vous me voulez quelque chose, ma tante?

— Sans doute.

— Quoi donc?

— Allez dire à la grosse Simone qu'elle vous donne un demi cent d'écrevisses...

— J'y cours.

— Choisissez les plus petites, au moins...

— J'entends bien. — C'est pour quelque

bourgeois, pour quelque procureur, peut-être?...

— Oui — écoutez, petite fille — c'est monsieur Picon, le procureur, qui est en haut, au moins, avec un de ses amis...

— Monsieur Picon? — le mari de cette belle dame qui me fait tant de caresses toutes les fois qu'elle vient ici?...

— Justement, — s'il allait vous questionner tantôt, par hasard, — ne vous avisez pas de lui dire que sa femme soupa hier ici avec ce jeune conseiller, et, avant-hier, avec ce musicien de l'Opéra...

— Oh! que nenni! — Est-ce que je suis jaseuse, ma tante? — est-ce que quand vous me menez à Paris avec vous, pour chercher de la provision et que nous déjeûnons avec ce grand clerc ou avec ce gros Suisse, est-ce que j'en dis quelque chose à mon oncle?...

— Je ne me plains pas de cela, tu es bonne fille...

— Si on ne savait un peu se taire, dans une maison comme celle-ci, on aurait joliment vite fait de mettre tout une ville en désordre!

— Oui, il est de grande conséquence de ne point parler!...

— Oh! toute jeunette que je suis, je vois bien cela! — Tenez, ma tante, tous ces messieurs qui viennent ici avec des femmes, ne voudraient point que leurs femmes y vinssent avec des messieurs, non!...

— Cela est vrai.

— Oh! que ce vieux médecin était fâché, l'autre jour, quand il trouva là-haut sa femme qui mangeait une matelotte avec ce garçon apothicaire!...

— Et cependant il était avec une petite lingère du Palais, lui...

— Je n'ai jamais ouï tant jurer, pour un médecin! — il a bien dit qu'il se vengerait, et que, si le garçon apothicaire devenait malade et tombait entre ses mains, c'était un homme perdu!...

— Et il le ferait, comme il l'a dit... —

Mais, assez jasé, ma fille... Va vite demander les écrevisses à Simone...

— J'y cours, ma tante.

— Surtout, bien petites...

— Soyez tranquille!...

Et Marinette s'éloigna en sautant, et en répétant, sur un rythme bizarre :

— C'est pour un procureur!... C'est pour un procureur!...

En ce moment un nouveau personnage parut sur la scène.

Ce n'était rien moins que Thomas Gélinotte, l'hôte du Moulin de Javelle.

FIN DU PREMIER VOLUME.

TABLE
Des chapitres du premier volume.

PREMIÈRE PARTIE.
Le moulin de Javelle.

		Pages
Chap. I.	La Taverne du Broc d'Argent	3
— II.	A propos de tonneau	19
— III.	Deux vilaines figures	35
— IV.	Un nouveau venu de bonne mine	55
— V.	Trio de coquins	73
— VI.	Monseigneur	91
— VII.	La famille Lollier. — Le rosier de Nanette	113
— VIII.	Nanette et Rosette. — Les Fiancés	131
— IX.	L'homme propose et la femme dispose	147
— X.	Repas de famille	163
— XI.	Un ami inconnu	179
— XII.	Gentilhomme et grand d'Espagne	197
— XIII.	Un épisode de l'histoire du moulin de Javelle	213
— XIV.	Le vicomte René d'Audissac	229
— XV.	Andoche Imbert	247
— XVI.	Le souper des mousquetaires	261
— XVII.	Un dénoûment de drame pour une comédie	279
— XVIII	Les époux Gélinotte	305

Fin de la table du premier volume.

Fontainebleau, imp. de E. JACQUIN.

Ouvrages de Xavier de Montépin.

Vicomte (le) Raphaël	5 vol.
Les Oiseaux de nuit.	5 vol.
Pivoine.	2 vol.
Mignonne (suite de *Pivoine*).	3 vol.
Le Loup Noir	2 vol.
Brelan de Dames.	4 vol.
Les Valets de Cœur.	5 vol.
Un Gentilhomme de grand chemin	5 vol.
Perle (la) du Palais-Royal.	3 vol.
Confessions d'un Bohême (1re partie).	5 vol.
Le Vicomte Raphaël (2e partie).	5 vol.
Les Oiseaux de Nuit (3e partie, fin).	5 vol.
Les Chevaliers du lansquenet.	10 vol.
Le Loup noir.	2 vol.
Les Amours d'un Fou.	4 vol.
Les Viveurs d'autrefois.	4 vol.
Sœur Suzanne.	4 vol.
Les Viveurs de Paris.	13 vol.
Première partie Le Roi de la mode.	3 vol.
Deuxième partie Club des Hirondelles.	4 vol.
Troisième partie Les Fils de famille.	3 vol.
Quatrième partie Le Fil d'Ariane.	3 vol.
Geneviève Gaillot.	2 vol.

Sous presse :

Les Filles de Plâtre.

www.ingramcontent.com/pod-product-compliance
Lightning Source LLC
Chambersburg PA
CBHW060354170426
43199CB00013B/1867